광장,

민주주의를 외치다

정치의
시 대

한홍구

광장,

민주주의를 외치다

창비

『광장, 민주주의를 외치다』는 창비학당에서 진행된 '정치의 시대─2017 시민혁명을 위한 연속특강'의 마지막 강의로 지난 2월 13일에 했던 강연을 담은 책이다. 그리고 이 강연은 『창작과비평』 2017년 봄호에 실린 「촛불과 광장의 한국현대사」를 바탕으로 이루어졌다.

2016년 10월 29일 1차 촛불집회가 시작된 후, 광장에는 금방 200만 명이 넘는 사람들이 모였다. 도대체 이 많은 인파는 어디서 온 것일까? 격동의 한국현대사란 표현을 자주 쓰지만, 한국현대사는 정말 놀라움의 연속이었다. 2016년 초만 해도 아무도 이런 변화를 예상치 못했다. 2016년 4월, 20대 총선에서 새누리당이 압승하리라는 일반적인 예상을 뒤엎고 야당이 대승을 거두었다. 모두들 뜻밖의 결과에 놀라워했지만, 8개월 뒤 박근혜 대통령의 탄핵을 예상한 사람은 아무도 없었다.

역사는 진보하는 것이지만, 늘 꾸준히 진보하는 것은 아니다. 긴 역사를 들여다보면 지금과 같은 진보의 시기는 아주 짧은 반면, 정체의 시기는 좀 길고, 퇴보의 시기는 아주 길었다. 역사에서 진보의 기회가 주어졌을 때 성큼성큼 나아가지 못하면 제법 긴 정체와 아주 긴 퇴보의 시기를 견뎌낼 수밖에 없다. 우리가 이룩한 민주주의를 지금의 수준이나마 지키려면 『거울 나라의 앨리스』에 나오는 붉은 여왕의 나라처럼 죽어라 달려야 하고, 조금이라도 앞으로 나아가려면 그보다 몇 배 더 빨리 달려야 하는 것인지도 모른다.

이명박, 박근혜 정권 기간 동안 나는 대중강연에서 역사가 정체하고 퇴보하고 있다며 힘들어하는 대중들을 향해 역사는 진보하는 것이라는 믿음을 잃지 말라고 무슨 희망전도사 같은 이야기를 주로 해왔다. 그러나 이 강연

무렵부터는 우리가 얼마나 자주 우리에게 왔던 변혁의 기회를 놓쳐버렸는가에 대해 힘주어 이야기하기 시작했다.

역사의 진보가 더딘 이유는 기회가 오지 않아서가 아니라, 우리가 좋은 기회를 많이 놓쳐버렸기 때문이다. 1987년 이후 30년, 1987년 6월항쟁, 1997년 외환위기, 2004년 노무현 대통령 탄핵 사건 등 세 번의 기막힌 기회를 놓쳐버린 우리는 이제 네 번째 기회를 맞고 있다. 또다시 죽 쒀서 개 주는 잘못을 범할 것인가?

이 강연을 하고 책이 나오기까지, 약 100일이 지나는 동안에도 또 많은 일이 일어났다. 그사이 대통령 선거를 치르고 새로운 대통령이 취임했다. 지금은 단지 대통령 한 분이 바뀐 시기는 아니다. 한국전쟁이 끝난 뒤 60년이 넘게 지속된 긴 챕터를 끝내고, 이제 비로소 우리가 역사의 새 장을 열어야 할 시기다.

똑같은 잘못을 범하지 않기 위해 우리는 역사를 돌아본다. 같은 듯, 반복되는 듯하면서도 늘 새로운 것이 역사다. 역사가 전개되어온 과정을 보면 당장 내일, 다음 달,

내년을 예측하기는 어려워도 역사의 큰 흐름이 어디로 갈 것인가에 대한 믿음은 생기게 마련이다. 그 믿음은 흔들리는 대지에서 우리가 넘어지지 않고 버틸 수 있는 힘이요, 험난한 바다를 헤쳐나가는 대한민국호의 복원력이다.

오늘 우리가 보낸 하루가 내일의 역사가 된다. 이 험한 역사를 만들어온 우리 자신에 대한 믿음과 스스로의 실천이 절실한 때다.

2017년 5월

한홍구

차례

정치의
시 대

광장,
민주주의를 외치다

박근혜,
최순실에게
감사패를?

반갑습니다. 제가 '정치의 시대' 특강의 마지막 순서라고 들었는데, 마지막까지 이렇게 많은 분들이 참석하실 줄 몰랐습니다. 여러분, 정말 대단하십니다.

저는 2016년 촛불이 있기까지 역사의 현장에서 정치를 바꾸어왔던 시민의 힘에 대한 이야기를 들려드리려고 합니다. 역사 속에서 여러분 자신의 힘을 느끼실 수 있는 자리가 되면 정말 좋겠습니다.

제가 강연을 많이 다니는데, 작년 이맘때쯤, 그러니까 2016년 초반부터 늘 받던 질문이 있습니다. 아니, 이런 한탄 섞인 말을 듣곤 했습니다. '세상이 너무 안 변한다, 답답해 미치겠다'라고요. 저도 답답했습니다. 그렇지만 제

직업 때문에 희망전도사 같은 역할을 많이 해야 했지요. "아닙니다, 변합니다. 한국현대사를 보십시오, 얼마나 역동적입니까". 그때 제가 했던 이야기들입니다.

어떠신가요? 여러분은 제 말에 동의할 수 있으십니까? 그때는 몰랐겠지만, 아마 지금은 동의하실 겁니다. 2016년 연말부터 2017년 초반까지 정말 정신없이 변했고, 그야말로 역동적인 시간이었습니다. 아무도 예상하지 못한 촛불혁명 같은 기막힌 상황을 누가 만들었습니까? 우리가 만들었습니다. 우리가 만든 것입니다. 힘이 갑자기 생겨났습니까? 그건 아닙니다. 늘 있었습니다. 그 힘은 어디에 있었나요? 우리 안에 흩어져 있었습니다.

저는 솔직히 박근혜 전 대통령과 최순실에게 감사패를 주고 싶은 마음입니다. 저 같은 사람들이 수많은 곳을 돌아다니며 강연을 한다 해도 시민들의 생각이 갑자기 바뀌기는 어렵습니다. 그런데 그 두 사람 덕분에 우리 같은 사람들이 몇 만 번 강연해도 못 만든 변화가 순식간에 이뤄졌습니다. 그래서 부정적인 사람들 역시 역으로 역사

발전에 기여할 수 있다는 생각을 해봅니다.

2016~17년의 촛불은 전세계가 주목할 만큼 대단했습니다. 현대사 전공자, 언론인, 현대사에 관심이 많은 사람들이 이 일로 모여 여러 차례 이야기를 했는데, 촛불을 하도 자주 들었다보니 언제 일인지 헷갈릴 때가 많았습니다. 2008년 광우병 파동 때인지, 2004년 노무현 대통령 탄핵 사건 때인지, 2002년 효순이 미선이 사건 때인지, 전문가들도 헷갈릴 만큼 자주 우리는 길에서 촛불을 들어야 했습니다.

시민들이 무슨 죄를 졌기에, 주말마다, 날씨도 추운데, 이렇게 뻔질나게 촛불을 들어야 했을까요? 저는 의회정치나 대의민주정치가 잘못됐기 때문이라고 생각합니다. 사람들이 한류 이야기를 많이 하는데, 저는 케이팝(K-Pop)이나 드라마가 아니라 촛불과 광장으로 대표되는 민주주의의 한류야말로 진짜 한류라고 말하고 싶습니다.

사실 대의민주주의가 인류가 만들어낸 제도 중에서는 가장 쓸 만하다고 합니다. 그것보다 더 좋은 제도를 아직까지는 찾기 힘듭니다. 그런데 대의민주주의가 제대로 작동합니까? 물론 어느 나라나 삐그덕거립니다. 다만 유독 심한 나라가 한국입니다.

우리 주변에서 비정규직을 찾기란 어렵지 않습니다. 아마 이 자리에도 더러 계실 거라고 생각합니다. 비정규직을 어림잡아 약 1000만 명이라고 한다면, 가족까지 포함해 적어도 인구의 절반 이상이 비정규직과 관련이 있다고 볼 수 있습니다. 그런데 국회에 비정규직의 위상을 대변할 만한 사람, 대변은 고사하고 말귀라도 알아들을 수 있는 사람이 몇 명이나 있을까요?

이런 현실을 보면 국회는 민심하고는 동떨어진 곳입니다. 국회에 가면 검사나 변호사 출신 국회의원들이 수두룩하지요. 물론 입법기관이니까 그런 사람의 전문성이 필요하다고 할 수 있지만, 일반 시민들의 의사를 얼마만큼 반영하느냐를 보면 완전히 딴 동네입니다.

여의도 민심과 일반 민심이 따로 노는 것이 한국 정치의 현실입니다. 그럼에도 2016년 연말부터 광장에서 촛불이 거세게 타오르니까 여의도가 대중을 따라왔습니다. 전세계적으로 봐도 몇 안 되는 사례인데, 한국이 이 부분에서 굉장히 앞선다고 할 수 있습니다.

저는 역사학자지만 이 땅의 사회과학자들에게 악을 쓰며 따져묻고 싶은 대목들이 있습니다. 왜 이런 촛불 현상을 하버마스(J. Habermas)나 지젝(S. Žižek)한테 물어봐야 합니까? 그들은 광장에서 촛불을 들지도 않았는데 말입니다. 그리고 우리가 2008년에 모이고 난 후 몇 년이나 지나 '월가를 점령하라'(Occupy Wall Street) 운동이 일어났습니다. 선후를 따져도 우리가 엄청 앞섰다는 이야기를 드리고 싶습니다.

촛불집회야말로 대의민주주의의 모순을 바로잡는 확실한 방법입니다. 그리고 우리가 그 방법을 선도하고 있습니다. 촛불, 이것이야말로 세계에 영향을 끼치고 있는 한류 그 자체입니다. 그 현장에 여러분이 함께하고 있었던 것입니다.

모든 사회적인 모순도, 그에 따른 현상도 하늘에서 갑

자기 뚝 떨어지지 않습니다. 지금 우리가 겪는 문제와 그 것을 바꾸려는 촛불이 어디서부터 흘러왔고 어디로 흘러 가는지, 이번 강의는 그것을 살펴보자는 의미입니다. 이제 그 이야기를 시작해보겠습니다. 우선 가까운 시기부터 가 보지요.

2016년
촛불의 시작

2016년의 촛불이 어디에서 시작되었는지부터 이야기를 해볼까 합니다. 같은 해에 있었던 4·13총선 기억하시나요? 총선 무렵에 분위기가 어땠습니까? 우중충했지요. 야당이 하나로 뭉쳐도 이길까 말까인데 제1야당이 분열된 상태였습니다. 정치판에서는 모두 새누리당의 압승을 점쳤지요.

그런데 막상 뚜껑을 열어보고 모두 깜짝 놀랐습니다. 새누리당이 200석이 넘을 거라고 했는데, 실제로는 122석으로 찌그러졌습니다. 의석수로 따지면 2004년 노무현 대통령 탄핵 사건 후 역풍을 맞았을 때와 같은 상황이 벌어진 것입니다. 국회에서 노무현 대통령 탄핵을 결정할 때는 새누리당이 의석의 3분의 2를 차지하고 있었습니다. 그런데 탄핵을 밀어붙이고 난 다음에 역풍이 불어 17대 총선에서 121석으로 찌그러졌던 것입니다. 그때는 누구나 예상을 했습니다. 오히려 당시 한나라당 당대표였던 박근혜가 선거의 여왕이라는 소리를 들을 만큼 선방을 한 덕분에 그나마도 지킬 수 있었지요.

2016년 4·13총선은 진보 언론에서도 보나마나 새누리당이 압승을 할 거라고 예측을 했습니다. 그런데 결과는 정반대로 새누리당이 완패를 했습니다. 정말 놀라운 선거 결과입니다. 만약 야당이 하나로 합쳐서 나왔다면 훨씬 더 크게 여당을 이겼을 것입니다. 더불어민주당의 텃밭이 호남인데 호남에서 전멸하고도 제1당이 됐습니다. 국민들이 절묘한 선택을 해서 새누리당을 완전히 찌그러트렸습니다.

이렇게 예상 밖의 선거가 우리 역사에 또 있었을까요? 찾아보면 전례가 다 있습니다. 2016년이 20대 총선이었는데, 1978년의 10대 총선이 지금과 같았습니다. 당시 선거 사흘 전의 선거 판도 분석 결과를 보면 여당이었던 민주공화당(공화당)이 신민당보다 크게 앞서는 걸로 나와 있습니다. 그런데 막상 투표를 마치고 보니 신민당이 득표율에서 공화당을 1.1퍼센트 앞섰습니다. 2016년과 같은 이변이 일어났던 것이지요.

깜짝 놀랄 변화였습니다. 당시에 아무도 예상을 못 했거든요. 선거 결과에 사람들이 많이 놀라긴 했는데, 10개월 뒤에 대한민국을 18년 동안 철권통치한 박정희가 총에 맞아 죽을 거라고 누가 상상이나 했겠습니까. 2016년 4·13 총선에서 민심이 집권당의 오만을 심판했다고 했는데, 여당이든 야당이든 어느 누가 8개월 만에 박근혜 대통령이 탄핵당하리라고 상상이나 했겠습니까. 역사가 한번 바뀌면 이렇게 무섭게 바뀌는 것입니다. 휘몰아친다는 표현이 적절합니다.

2016년 변화의 힘은 어디서부터 왔을까요. 그 힘은 우리 사회의 가장 밑바닥에서부터 온 것입니다. 최근 몇 년 사이에 '헬조선'이니 '흙수저'니 하는 이야기를 많은 이

2016년 변화의 힘은 우리 사회의 가장 밑바닥에서부터 온 것입니다.

들이 하는데, 우리 사회가 헬조선이고, 그곳에 사는 자신이 흙수저라고 자조했던 사람들이 사실 이 변화의 주역들입니다.

지금 우리는 조선이라 하지 않고 한국이라고 하는데, 왜 하필이면 헬한국이 아니라 헬조선이라고 했을까요? 민주화의 성과, 근대화의 성과가 모두 날아가고 18~19세기 봉건사회로 돌아갔다는 뜻입니다. 청년 세대들에게는 대한민국이 막장이 되었다는 의미입니다. 즉 헬조선은 흙수저들의 분노가 담긴 표현인 것입니다.

그런데 대한민국이 언제부터 헬조선이 되었을까요? 건국 이래 헬조선이었습니까? 끄덕끄덕하는 분들도 있고 갸우뚱하는 분들도 있는 것 같습니다. 1970~80년대에 박정희 정권이나 전두환 정권과 모질게 대립했던 저희 세대들은 당시의 정치 현실이 매우 암담하다고 생각했지만, 그렇다고 해서 내일을 비관하기만 한 것은 아니었습니다. 내가 태어난 이 땅을 어떻게든 바꿔보려고 했지, 이 땅에 태어난 것 자체를 저주하거나 낙담하진 않았습니다. 물론 대체로 그렇게 생각을 했다는 것이지, 다른 의견을 가졌던 분들이 있을 수는 있습니다.

저는 헬조선을 최근의 현상이라고 생각합니다. 그러나 헬조선 역시 하늘에서 뚝 떨어진 현상은 아니겠죠. 어디서 왔을까요? 가보죠, 헬조선의 기원을 찾아서. 우선 유튜브에 널리 퍼진 노무현 전 대통령의 연설 두 편을 들어보도록 하겠습니다.

눈 감고 귀 막고 비굴한 삶을 사는 사람만이 목숨을 부지하면서 밥이라도 먹고 살 수 있는 우리 600년의 역사. 제 어머니가 제게 남겨주었던 가훈은 야 이놈아 모난 돌이 정 맞는다, 계란으로 바위 치기다, 바람 부는 대로 물결치는 대로 눈치 보면서 살아라. 1980년대 시위하다가 감옥 간 우리의 정의롭고 혈기 넘치는 젊은이들에게 어머니들이 간곡히 타일렀던 교훈 역시 계란으로 바위 치기다, 그만둬라, 너는 뒤로 빠져라. 이 비겁한 교훈을 가르쳐야 했던 우리 600년의 역사,

이 역사를 청산해야 합니다.

돈 없고 빽 없고 가진 것 없어도 손해 보지 않는 나라, 그리고 운이 나빠서 실수로 실패한 사람에게도 재기할 수 있는 기회를 주는 나라, 자라나는 우리 아이들이 부자 아버지를 만나지 않더라도 나라에서 보장하는 대로 열심히 공부하면 노무현이처럼 변호사도 될 수 있고 국회의원도 될 수 있고 사장도 될 수 있고 대통령도 될 수 있는 기회가 열려 있는 나라를 만들겠습니다.

2002년에 노무현 전 대통령이 대통령 후보로 나서면서 한 이야기이니, 그리 오래전 일은 아닙니다. 저는 지금 우리가 겪고 있는 헬조선이라는 상황이 초래된 데에는 노무현을 찍은 사람들의 책임이 크다고 생각합니다. 이 연설의 메시지가 무엇입니까? 세상 한번 바꿔보자는 거 아니겠습니까. 바꾸려면 권력을 쟁취해야 한다는 것이지요.

그래서 노무현 대통령은 권력을 쟁취했습니다. 그런데 어떻게 되었습니까. 개혁에 실패했습니다.

노무현 대통령이 하려고 했던 개혁의 실패, 그것은 노무현 개인의 문제만이 아닙니다. 물론 그가 가장 큰 책임을 져야 할 위치에 있었지만, 노무현 대통령과 함께 국정을 이끌었던 사람들은 물론 노무현을 지지했던 사람들, 뽑았던 사람들, 연설 듣고 열광한 사람들 모두에게 책임이 있습니다.

이 연설을 하고 7년이 지난 어느 날, 노무현 대통령이 부엉이 바위에서 뛰어내렸습니다. 그리고 7년이 지났더니 젊은이들이 뭐라고 합니까. 우리나라를 헬조선이라고 합니다.

노무현 대통령은 다른 연설에서 못사는 것도 서러운데 학벌, 권력, 재산, 사회적 계층이 세습되는 사회는 정의로운 사회가 아니라고 했습니다. 이런 사회가 되지 않도록 하자 했는데, 헬조선, 딱 이런 사회가 되어버렸습니다. 노무현 대통령의 개혁이 실패한 자리에 들어선 사회가 헬조선입니다.

학벌, 권력, 재산, 사회적 계층이 세습되지 않는 사회에 대한 꿈. 그 꿈이 잘못됐습니까? 노무현 대통령이 돌아가셨다고 해서 그 꿈까지 같이 묻어버려야 합니까? 추억으로만 간직해야 합니까? 그건 아니라고 생각합니다. 젊은 사람들이 촛불을 들고 새누리당을 심판하는 상황까지 간 밑바닥에는 흙수저들의 분노가 있습니다. 그리고 그 분노에 대해 미안하게 생각하고 책임을 져야 할 사람은 2002년에 노무현 대통령을 찍었던 사람들이라고 생각합니다.

지금 헬조선이 만들어진 것에 20대 젊은이들에게 책임이 있습니까? 조금도 없습니다. 사회에 첫발을 내딛으려 하니까 헬조선이었지요. 20세기 초에 나라가 망했을 때, 그때 의병에 자원해서 나갔다가 떼죽음을 당한 젊은이들에게 나라 망한 것에 대한 책임이 있습니까? 그때 자원했던 사람들은 책임이 있다고 여겼습니다. 유교적인 관점에서 그렇게 생각했던 것입니다. 이런 말이 있기 때문입니다. 천하흥망 필부유책(天下興亡 匹夫有責). 천하가 흥하고 망하는 데는 평범한 사람에게도 책임이 있는 법이라는 뜻입니다. 맞습니다. 그렇기 때문에 그 사람들도 목숨 걸고 싸웠지만, 누구도 그때의 젊은이들에게 직접적으로 나라가 망한 것에 대해 법적, 도덕적 책임을 묻기는 어렵습니다.

역사가 그런 것입니다. 망치는 놈 따로 있고 구한다고 죽어라 길바닥에서 촛불 드는 사람 따로 있는 법이지요. 역사가 망하지 않고 흘러온 건 촛불 드는 사람들이 늘 있었기 때문이라고 해도 과언이 아닙니다.

100년 전에 죽창을 들고 총을 들었던 사람들이 이길 가망이 있다고 생각했을까요? 의병들에 대한 자료를 찾다 보면 정말 짠한 마음이 듭니다. 그들은 희망도 없는데 싸웠거든요. 나라가 망해가는데, 안 싸우면 안 되니까 싸웠습니다. 그리고 이루 숫자를 헤아릴 수 없을 만큼 많은 사람이 죽었습니다. 그들이 지금을 보면 세상이 많이 좋아졌다고 여길 것입니다. 블랙리스트로 아우성을 치지만

명부에 이름 적히는 거하고 진짜 죽는 거하고는 다르니까
요. 그들은 어디에도 이름이 적혀 있지 않았는데 불문곡
직하고 죽임을 당했습니다. 수많은 민간인이 학살되었습
니다.

1978년 총선,
그리고 10개월 후

　다시 1978년의 10대 총선으로 가보겠습니다. 앞서 말씀드린 것처럼 2016년 총선 8개월 만에 박근혜 대통령 탄핵이 일어났고, 1978년 총선 10개월 만에 박정희 대통령의 죽음이 있었습니다. 그 10개월이 어떻게 흘러갔는지 복기를 해보겠습니다.

　2016년 집권 여당이 총선에서 참패하자 청와대는 한 달이 지난 다음에야 인적쇄신이랍시고 겨우 비서실장 한 명 바꾸더니, 민심이 계속 부글부글 하니까 3개월 뒤에 장관 세 명 바꾸고, 우병우 내세워 막아보려 하다가 무너진 것이지요.

　1978년의 박정희는 훨씬 민감하게 움직였습니다. 선

거가 끝나고 열흘 만에 장관 11명을 바꿨습니다. 장관을 바꾼 것보다 더 중요한 변화가 청와대 안에서 이뤄진 것도 이때입니다. 경제 분야를 총괄했던 실세 비서실장인 김정렴을 김계원으로 교체한 것이지요.

김정렴은 1969~78년까지 근 10년 동안 대통령 비서실장을 지내면서 박정희 대통령을 가장 가까이에서 보좌한 인물입니다. 비서실장을 하기 전에는 상공부와 재무부의 장관을 역임할 만큼 신임도 두터웠고, 정치적 권위도 높았지요. 그런데 그 후임인 김계원은 김정렴에 크게 못미치는 사람이었고, 그 결과 청와대의 실권을 경호실장인 차지철이 잡게 되었습니다.

차지철은 5·16쿠데타 때부터 박정희 옆을 지켰던 사람입니다. 요즘 말로 표현하면 원조 '문고리'라고 불릴 만한 사람이지요. 박근혜 정부에서는 '문고리 3인방', 즉 3명이었는데, 그때는 차지철이 그 역할을 독차지하고 있었습니다. 심지어 당시에 부통령이라는 말을 들을 정도였는데, 문고리 3인방은 부통령 소리까지는 듣지 않았지요. 청와대 인적쇄신 후 차지철은 그만큼 막강한 권력을 갖게 되었고, 그 상황이 김재규가 총을 쏘게 되는 권력 구도를 초래한 것입니다.

김재규에 대해서는 후일 어떻게든 재평가가 이뤄지지 않을까 하는 생각이 듭니다. 어떻든 그가 쏜 총에 의해 유신정권이 무너졌으니까요. 또 저는 김재규가 박정희의 가장 진정한 충신이었다고 생각합니다. 특히 최태민 문제라든지 가장 민감한 가족 문제인 박근혜 문제에 대해 직을 걸고 간언했던 일화는 유명합니다. 이 내용은 최순실 국정농단 사태가 터지면서 일반인들에게도 많이 알려진 사실입니다.

10대 총선 후 청와대가 인적쇄신을 하는 동안 야권은 어떤 모습을 보였을까요? 선거에서 신민당이 공화당보다 1.1퍼센트 많은 표를 받았다고 하니까, 당시 야당이 굉장히 잘했기 때문이라고 생각하겠지만 그렇지 않았습니다. 이때의 야당은 최악이었다고 해도 과언이 아닙니다. 그럼에도 이겼다는 것은 뭘까요? 민심이 그만큼 유신정권에서 떠났다는 뜻입니다. 그래서 선거 이후 야당 사람들도 자신감을 얻었습니다. 유신체제가 강력한 것 같지만 대중들의 마음이 떠났음을 확인했기 때문이지요.

선거 이후 야당은 야당대로 열심히 하면 다음 선거에서 정권을 잡을 수 있을 거라고 생각하게 됩니다. 이때 야당 내 비주류 조직의 이름이 '야투'입니다. 야당성회복투쟁동지회의 줄인 말이지요. 야당이 얼마나 야당답지 못했으면 야당성을 회복하자는 이야기가 나왔겠습니까. 그 회복해야 하는 야당성이란 것이 무엇이겠습니까. 복잡하지 않습니다. 잘못된 정권보고 물러나라고 하는 것이 야당성이지요. 이 야당성을 회복하자는 말은 유신정권 퇴진을 외치지 않고, 체제 내에 안주하는 야당 노릇은 하지 말자는 것입니다. 이때 김영삼이 야당성을 회복하는 일에 앞장서겠다고 나섰습니다. 그랬더니 김영삼을 야당 총재로 뽑았습니다.

김영삼을 야당 총재로 뽑았다는 것에는 어떤 의미가 있을까요? 연쇄반응이라는 것이 무섭습니다. 김영삼을 당수로 뽑았기 때문에 현대사에 큰 흔적을 남긴 사건이 있습니다. 바로 YH사건입니다. 1970년대 유신체제가 무너질 때, 여성노동자들의 역할을 반드시 기억해야 합니다. 1970년대를 놓고 민주화의 시대다, 산업화의 시대다 하고 다투는데 적어도 여성노동자들 앞에서는 그 문제로 다툴 이유가 없습니다. 여성노동자들이야말로 민주화에서도 주역이고 산업화에서도 주역이었습니다.

YH사건의 YH는 YH무역이라는 회사입니다. YH가 무슨 회사였느냐면, 가발 공장이었습니다. 1970년대의 대한민국은 당연히 지금과는 정말 달랐습니다. 그때 우리나라 최고의 수출품이 가발이었습니다. 당시에는 개인소득 1등부터 10등까지가 신문에 실렸는데 4~5명이 가발업자들이었을 정도입니다. 현대자동차가 창립되고 이어서 첫 국산 양산차 포니가 생산되기 시작할 무렵입니다.

YH사건은 회사 내에 노조가 생기는 것에서부터 시작합니다. 열악한 근로조건과 저임금을 바탕으로 급격히 성장한 YH무역은 노조가 생기자 사장이 가발 수출대금을 미국 현지에서 빼돌리고는 일방적으로 회사를 폐업 신고한 후 그 돈을 들고 그대로 미국으로 도망을 가버렸습니다. 갑작스럽게 회사가 사라지고 거리로 쫓겨나게 될 처지에 놓인 YH 여성노동자들 입장에서 얼마나 억울한 일이겠습니다. 회사에 폐업 철회를 요구하는데 어떻게 해도 되지 않으니 길바닥에 나가서 자폭을 하니 마니 하는 이야기가 나올 정도였습니다.

이때 여성노동자들이 쓴 호소문을 읽어보면 가슴이 미어집니다. 그들은 당시의 저보다 한두 살 많은 사람들이었습니다. 그런데 그들이 생존권을 보장해달라, 일을 하지 못하면 평범한 여성으로서의 삶이 끝장난다, 빚 때문에 술집으로 사창가로 팔려가게 된다, 제발 평범한 여성으로 살 수 있게 사회에서 관심을 가져달라는 내용의 호소문을 썼지요.

그들이 호소문을 들고 찾아가 도움을 요청할 수 있는 곳이 어디였을까요? 우선 사장이 돈 떼먹고 미국 갔으니까 미국 대사관에 가자는 이야기가 나왔습니다. 그런데 미국 대사관은 예나 지금이나 경비가 너무 삼엄합니다. 들어가기가 힘듭니다.

그다음에는 어디로 갈까, 여당에 가볼까 하고 생각을 했습니다. 여당 당사 앞에 가서 정찰해보니까 정문에 경찰이 한두 명 서 있는데 한꺼번에 밀면 들어갈 수는 있겠다 싶었습니다. 그런데 여당 당사에 들어간다고 뭐가 달라지겠습니까. 바로 경찰한테 잡혀가겠지요.

대학생들에게 도움을 요청하기도 힘들었습니다. 1970년대에는 노동자들이 대학교에 가서 이런저런 이야기를 하는 상황이 아니었습니다.

그래서 마지막으로 선택한 곳이 야당이었습니다. 사회적 파급력을 생각했던 것입니다. 신민당이 공덕동 로터리에 당사를 새로 지었을 때였습니다. 야당이 안 받아주면 어떡하나 걱정을 하기도 했습니다. 그래도 김영삼이 야당 당수가 되었으니, 신고하지는 않을 거라고 많은 사람들이 믿었습니다.

YH 여성노동자들은 "우리를 나가라면 어디로 가란

말이냐"라고 쓴 플래카드를 들고 야당 당사로 찾아갔습니다. 여성노동자들의 믿음대로 김영삼 총재는 이들을 신고하지 않았습니다. 오히려 당사 안으로 받아들이고 그들의 요구를 들으려고 했습니다. 여성노동자들에게 야당 당사에 있으면 기자도 불러주고, 노동청장도 불러주고, 또 국회에 가서 사정도 이야기할 테니 머물러 있으라고 했습니다.

"배고파 못 살겠다. 먹을 것을 달라"는 플래카드를 보고는 짜장면도 시켜줬습니다. 짜장면과 관련해서는 가슴 아픈 일화가 전해지고 있습니다.

당시 야당 측에서 YH 여성노동자들에게 짜장면을 시켜줬는데, 하나같이 먹지를 않았다고 합니다. 강당이 좁아서 함께 농성하던 500명 가까운 사람 중에 200명이 안 되는 사람들만 야당 당사 안으로 들어온 상태였습니다. 강당의 수용 인원이 그 정도밖에 안 되었던 이유도 있지만, 이번에 야당 당사에 들어가면 감옥에 갈지도 모른다고 해서 언니들만 왔던 것입니다. 동생들이 밖에 남아 있었던 것이지요. 언니들은 그 동생들이 눈에 밟혔습니다. 그 아이들은 굶고 있는데 우리만 어떻게 먹느냐 하는 이야기를 듣고, 신민당이 없는 살림에도 짜장면 200인분을 회사에 남아 있는 사람들에게도 시켜주었습니다. 그러고 나서야 당사 안의 여성노동자들이 짜장면을 먹기 시작했다고 합니다.

김영삼은 YH 여성노동자들에게 경찰이 절대 못 들어올 거라고 장담을 했지만, 결과는 아시는 것처럼 달랐습니다. 경찰 1000여 명이 신민당사에 난입해 농성하는 여성노동자들을 강제해산했습니다. 이들은 신발도 신지 못한 채 맨발로 모두 끌려나갔습니다. 여성노동자들뿐만 아니라 이를 막으려는 국회의원들도 무자비하게 폭행당했습니다. 400짝의 주인 잃은 신발이 남아 있는 사진이 있어요. 국정농단 사태 때에는 최순실의 명품 브랜드 신발 한 짝이 인상 깊었지요. 여성노동자들을 끌고 가는 과정에서 100여 명이 부상을 당했고, 김경숙 양이 목숨을 잃었습니다.

제발 평범한 여성으로 살 수 있게 사회에서 관심을 가져달라는
YH 여성노동자들의 호소문에 가슴이 미어집니다.

사건 직후 신민당 국회의원들이 18일간의 항의농성에 들어가는 등 야당이 거세게 저항하고 나섰습니다. 차지철 쪽에서는 강공을 펼쳤고, 결국 야당 총재 김영삼을 국회에서 제명했습니다. 이런 폭거가 일어난 후 2주 만에 터진 사건이 부마항쟁입니다.

부마항쟁의 경과에 대해서는 인터넷만 뒤져도 잘 아실 테니 생략하겠습니다. 다만 부마항쟁의 확산에 대해서는 간략하게 말씀을 드리겠습니다. 부마항쟁이 있기 전에 부산대학교에서는 학생운동권이 거의 궤멸된 상태였습니다. 박근혜 정부의 비서실장인 김기춘이 한 일이었지요. 재일동포 학원간첩단 사건이 이때의 일입니다. 그 이후 부산대학교에서 1975~79년까지 만 4년 동안 시위가 없었습니다.

1970년대에는 학생운동 바닥이 좁고 층이 얇아서 선배들이 크게 깨지고 나니 4년 동안이나 시위를 못 했습니다. 그러다가 첫 시위를 하게 되었으니 어땠을까요? 1번, 마른 장작이 잘 탄다. 2번, 선무당이 사람 잡는다.

정답은 1번입니다. 학생들이 오래간만에 거리로 진출해서 경찰과 대치를 했는데, 그것은 경찰도 마찬가지였겠지요. 경찰이 시위대를 막으러 나왔는데 워낙 오랫동안 시위가 없었다보니까 현장에 나와서야 실수한 걸 알았다고 합니다.

당시에 경찰과 시위대가 대치한 장소가 도로포장을 하던 중이어서 바닥에 자갈이 깔려 있었습니다. 학생들이 그 자갈을 주워 던졌습니다. 그러면 날아오는 자갈을 방패로 막아야 할 텐데, 경찰들이 방패를 안 들고 나왔던 것입니다. 이에 대해서는 조갑제가 자세한 기록을 남겼습니다. 그래서 경찰 대오가 완전히 무너지고 학생들이 시내로 진출해서 5만 명이 부산 시내를 헤집어놨습니다.

겨우 5만 명이라고 생각하실지도 모르겠습니다. 촛불집회만 보다보니까, 5만 명으로 부마항쟁이 커졌다고 하면 안 믿으실지도 모르겠습니다. 게다가 유신에 반대했던 사람들의 목소리가 컸으니까 당시에도 굉장히 많은 사람들이 모였을 거라고 생각하시겠지요. 하지만 그렇지 않았습니다. 유신 때에는 500명 모이기도 힘들었습니다. 대학교 학내에서 시위를 하면 500명이 잠시 모였다가 해산하는 정도였고 바깥에서는 그런 적이 없었습니다. 종로에서 집회를 크게 해봤자 300명 정도였습니다. 그중 절반이 여성노동자들이었지요.

그런 상황에서 5만 명이 모였습니다. 이들은 지금처럼 주변의 도움을 받지도 못했습니다. 오마이뉴스, 프레시안, 『한겨레』 같은 소위 진보적인 언론도 없었습니다. 민주노총도 없었고, 전교조도 없었습니다. 참여연대 같은 시민단체도 없었습니다. 그런데도 이런 엄청난 변화를 만들어냈던 것입니다.

부마항쟁은 잘 아시는 것처럼 김재규가 박정희 대통령을 향해 총을 쏜 10·26사건을 불러왔습니다. 김재규가 박정희를 쏜 이유가 정권 내에서의 권력 다툼 때문이었다고 했는데, 이제는 그 내막이 잘 알려져 있습니다. 김재규와 차지철이 부마항쟁을 보는 시각이 달랐기 때문이지요. 차지철은 부산 출신인 김영삼을 제명하니까 부산 사람들이 성질이 나서 들고일어난 것이라고 박정희에게 이야기 했습니다.

그런데 중앙정보부장인 김재규가 직접 현장에 내려 가서 보니까 그렇게 단순하지 않았지요. '김영삼 왜 잘랐어' 하는 구호는 나오지도 않았고, 김영삼을 잘라서 화가 빨리 나긴 했지만, 그 차원을 넘어서 본질적인 유신체제의 철폐를 요구하고 있다는 것을 알았습니다. 경제적인 불만도 심각하다고 판단했습니다.

그래서 김재규가 박정희에게 상황 타개책을 내놓기에 이릅니다. 이 상황을 무마하려면 박정희 대통령이 곧바로 물러나든지 조기 퇴임을 해야 한다고 건의했습니다. 당시 박정희 대통령의 임기가 1984년까지 보장되어 있었는데 1980년이나 1981년쯤에 그만두겠다고 하든지, 유신헌법을 고치겠다든지 하는 이야기를 하지 않으면 이 사태는 수습이 되지 않는다, 전국으로 확산된다고 했던 것이지요.

박정희는 이 제안을 받아들이지 않았습니다. 오히려

중앙정보부장이 물러터져서 이런 일이 생긴 거라고 질책하기에 이릅니다. 게다가 시위가 확산되면 발포하라고 해버렸습니다. 박정희의 반응은 이승만하고는 달랐던 것입니다. 이승만은 본인이 발포 명령을 내리지 않았습니다. 그리고 이승만은 유혈 사태가 크게 일어난 걸 보고 본인이 물러났습니다. 사실 물러날 만한 나이였습니다. 86세였으니까요. 그 당시 평균수명이 60세 정도였으니, 지금으로 치면 백수를 한 셈이었지요. 그래서 권력을 내려놓을 수 있었던 것입니다. 그런데 박정희는 그럴 나이가 아니었지요. 60대 초반이었으니까.

10·26사건은 수천 명이 죽을 수도 있는 상황이 벌어지려 하자 김재규가, 대한민국에서 가장 많은 정보를 가진 중앙정보부장이 깊은 고민 끝에 내린 결단입니다. 그 후에 김재규는 법정에서 "야수의 심정으로 유신의 심장에 총을 쏘았다"라는 유명한 말을 남겼지요.

김재규와 박정희는 친형제 같은 사이였습니다. 그런데 수천 명이 피 흘리는 길을 막을 방법은 김재규가 생각하기에 하나밖에 없었고, 그것은 박정희 대통령을 쏘는 것이었습니다. 그 안에는 더욱 복잡한 이야기가 많은데, 이 자리에서는 이 정도만 들려드리겠습니다. 이번 강의의 핵심은 대의민주주의의 한계를 극복한 시민의 힘에 대한 것이니만큼, 우리 역사에서 시민이 힘을 발휘한 사례들을 좀더 살펴보겠습니다.

죽음 위에 피어난 풀,
4·19혁명

다음 면의 사진을 한번 볼까요? 풀이 돋아나 있습니다. 그 아래에 있는 것이 무엇일까요? 누군가의 해골입니다. 제가 지난 몇 년 동안 강의를 하면서 늘 갖고 다닌 사진입니다. 강의를 시작하면서 말씀드렸듯이 사람들이 역사가 너무 안 바뀐다고 할 때마다 이 사진을 보여드렸습니다. 전세계적으로 유래를 찾을 수 없는 촛불이 어디서 시작된 것 같습니까? 저는 이 싹이 자라서 된 것이라고 믿고 있습니다.

사진 속의 해골은 한국전쟁 때 학살된 사람의 것입니다. 일반 시민이 아무 이유 없이 '빨갱이'로 몰려 죽임을 당하던 때였습니다. 이렇게 무차별적으로 학살하면 사람

촛불의 시작은 이 싹이 자라서 된 것이라고 믿고 있습니다.

들이 무서워서 다시는 체제에 반하는 이야기를 하지 않을 거라고 생각했겠지요. 한국전쟁이 1953년에 끝났으니, 딱 두 세대가 걸렸습니다. 두 세대 만에 우리는 다시 촛불을 들었고, 주권자인 시민에 반하는 권력에 반대 의사를 분명히 밝혔습니다.

두 세대 만에 이렇게 변했으면 역사가 더디 변한 것일까요, 빨리 변한 것일까요? 저는 굉장히 빨리 변한 거라고 생각합니다. 사진 속에 등장하진 않지만, 죽인 이들 입장에서 보면 징그러울 거예요. 그렇게 죽여버렸는데도 어떻게 또다시 기어오를 수 있는지, 그 원인을 찾고 싶을 겁니다.

한국전쟁 시기에 학살당한 사람들은 여러분처럼 이런 강연을 들어본 적도 없었습니다. 이제는 사람들이 함께 모여서 자유롭게 민주주의와 정치에 대해서 이야기할 수 있습니다. 이렇게 되기까지 그 과정에서 수많은 사람들이 목숨을 잃었고, 그럼에도 시민들은 이전의 위험과 두려움을 모두 잊어버린 양 다시 일어섰습니다. 이 사진을 역사에서 일어난 여러 사건들의 밑바닥에 깔고 보시

면, 그 의미가 남다를 거라고 생각합니다. 아마 4·19혁명
도 다르게 보일 것입니다.

4·19혁명이 이승만 정권의 부정선거 때문이라고만
생각한다면 이는 겉으로 드러난 원인과 결과만 알고 있는
것입니다. 사진을 밑바닥에 깔고 4·19혁명을 봐주십시오.
즉 4·19혁명이 한국전쟁기에 벌어진, 적게 잡으면 40만
명, 많이 잡으면 100만 명의 민간인 학살이 있은 후에 일
어난 사건이라는 점을 눈여겨봐주십시오. 1953년 7월 휴
전이 성립되고 난 후 만 7년이 되지 않아서 일어난 사건이
1960년의 4·19혁명입니다. 정권에 위협이 될 만한 사람들
을 모조리 학살하고 만 7년이 지나지 않았는데 혁명이 일
어났다는 뜻입니다.

4·19혁명은 제2차 세계대전이 끝나고 독립한 150개
나라 중에서 최초로 일어난 시민혁명입니다. 그걸 누가
일으켰습니까? 중고등학생들이 일으켰습니다. 왜 나이
어린 학생들이 나섰을까요? 복잡하지 않습니다. 어른들
이 다 죽었기 때문입니다. 예를 들어 촛불집회에 나올 만

한 사람들을 싹 죽여버렸는데, 촛불집회에 다시 사람들이 등장했다는 뜻입니다. 만 7년 동안 조용했는데, 그 속에서 새 세대가 자라났다는 의미입니다.

4·19혁명을 일으킨 세대는 일제강점기가 끝난 후 초등학교 교육을 받았다는 특징이 있습니다. 1960년에 중3, 고1이라면 1945년 전후에 태어났을 테고, 1960년에 대학생이라고 해봐야 1940년 전후에 태어난 사람들입니다. 그러니까 그들 모두 해방된 다음에 초등학교에 들어간 것이지요. 일제강점기의 교육에서 자유로운 세대, 물론 그들을 가르치는 선생님들은 다 식민지 교육을 받았지만, 그럼에도 자유로운 교육을 받은 세대입니다. 천황폐하 만세가 아니라 미국식 민주주의 아래 우리말로 교육을 받은 첫 세대가 대형사고를 친 셈입니다.

이들이 역사의 주역이 되어서 그대로 우리 사회가 발전했으면 얼마나 좋았겠습니까. 그런데 이 4·19세대는 지금 뭐 하고 있을까요? 어버이연합 같은 단체를 지지하거나, 그에 준하는 생각을 가진 사람들이 되었습니다.

2016~17년에 촛불을 든 사람들은 10년 뒤, 20년 뒤에 무엇을 하고 있을까요? 역사의 경험으로 따지면 아마 4·19세대와 다르지 않은 길을 걷고 있을지 모릅니다. 역사가 앞으로 가지 못하고 뒤로 가는 이유입니다. 그전에도 같은 일이 있었습니다. 갑오농민전쟁의 주역들, 독립협회의 주역들 모두가 일제강점기에도 개혁 의지를 품은 채 살았을까요? 그중 많은 사람들 역시 일진회에 들어가거나, 친일 부역 행위를 하면서 살았을 테지요.

앞서 말씀드린 5·16쿠데타도 가슴 아픈 역사의 반복이라는 관점에서 다르게 바라볼 수 있습니다. 4·19세대라는 새싹이 한국전쟁 후 7년 만에 자라났는데, 밑으로부터 자라난 열기를 짓밟은 사건이 5·16쿠데타인 것입니다.

짓밟혀도 다시 일어나는 힘, 그게 바로 우리가 가진 힘입니다. 그 힘은 5·16쿠데타 후에도 다시 끓어올랐습니다. 학생들의 시위가 있었고, 오늘날의 성남시에서 광주대단지 사건이 일어나기도 했습니다. 그리고 박정희 정권은 그것을 또 짓밟았습니다. 다시 계엄령을 내리고, 탱크를 몰고 나와 유신을 선포한 것이지요.

　한국현대사를 굉장히 빠르게 훑어보고 있는데, 짧은 시간에 이야기를 하려다보니 어쩔 수가 없습니다. 어떻든 이렇게 큰 흐름을 보면 한국현대사는 그리 복잡하지 않습니다. 탱크를 몰고 나왔을 때에도 국민은 가만히 있지 않았습니다. 그랬더니 권력은 다시 짓밟았습니다. 국회의원을 잡아서 말 그대로 두들겨팼습니다. 오늘날에도 마찬가지지만 당시의 국회의원은 우리나라에서 꽤 강한 권력을 가진 사람들이었습니다. 그런 국회의원을 잡아다 고문을 한다는 것은, 그 이하의 사람이라면 누구라도 같은 일을 겪을 수 있다는 뜻입니다. 그렇게 했더니 정말 조용해졌습니다. 1년 동안.

박정희와
여성노동자

　박정희 정권이 엄청난 폭력으로 국민들의 저항을 잠재웠지만, 국민들은 다시 들고일어났습니다. 반유신운동이 일어난 것입니다. 그리고 이어서 YH사건이 벌어졌고, 부마항쟁이 터지고, 그리고 얼마 있지 않아 박정희가 암살되면서 길었던 박정희 정권이 막을 내렸습니다. 한국현대사에 7년이라는 숫자가 자주 반복되는데 이때도 마찬가지입니다. 박정희가 1972년 10월 유신이라는 초헌법적 조치를 취한 이후 7년이 지난 시점에 1979년 10·26사건이 터진 것입니다.

　박정희라는 사람은 여러 가지 면에서 다층적으로 살펴봐야 하지만, 박정희의 가장 본질적인 부분은 일본 군국주의가 키워낸 인간형이라는 것입니다. 그렇다면 박정희는 친일파라고 해야 할까요? 저는 박정희가 민족주의자라고 생각합니다. 민족주의자인 동시에 친일파가 된다는 것이 꼭 불가능한 것은 아닙니다. 물론 저항민족주의자와 친일파는 대립하는 개념이겠지요. 하지만 민족주의 개념의 스펙트럼을 확장해서, 민족을 가장 앞에 내세우는 사람을 민족주의자라고 정의한다면 박정희도 민족주의자입니다. 신채호나 김구 등은 저항민족주의자로 불러야 하고요.

박정희의 딸인 박근혜의 근 자가 무슨 근 자일까요? 뿌리 근(根) 자일까요? 아닙니다. 무궁화 근(槿) 자입니다. 친일파가 딸의 이름에 무궁화 근 자를 쓸 리는 없지요. 박정희는 민족주의자입니다. 그런데 박정희의 민족주의는 일본 군국주의적인 민족주의입니다. 박정희를 진짜 친일파라고 하는 이유는 그가 일본에 충성했기 때문이 아니라, 일본 군국주의의 사고방식을 가지고 일본이 물러난 후의 한국 사회를 지배했기 때문입니다.

박정희는 자신이 쓴 책『국가와 혁명과 나』에서 롤모델이 누구인지를 암시하기도 했습니다. 그 책에서 박정희는 메이지유신(明治維新)의 지사들처럼 조국을 근대화시키고 싶다고 했습니다. 그런데 메이지유신의 지사 중에서 일본을 근대화시킨 최고 인물이 누굽니까? 이토 히로부미입니다. 이 내용을 보면 박정희가 자신의 롤모델을 콕 집어서 이야기하진 않았지만, 이토 히로부미가 박정희의 롤모델이라는 것을 잘 알 수 있습니다.

여담이지만 이토 히로부미와 박정희에게는 일본 군국주의를 체화했다는 것 말고도 공통점이 있습니다. 첫째, 두 사람 모두 암살을 당했습니다. 그것만을 둘의 공통점으로 삼기에는 조금 약한 면이 있지요. 둘째, 둘의 제삿날이 같습니다. 즉 우리 역사에는 두 개의 10·26사건이 있는 것입니다. 1909년 10월 26일에 일본 군국주의의 대표 인물이 죽었고, 또 70년 후 같은 날에 군사독재의 대표 인물이 죽었던 것이지요.

우리는 흔히 일제의 잔재를 청산하지 못해서 군사독

우리 역사에는 두 개의 10·26사건이 있습니다.
1909년에 일본 군국주의의 대표 인물(왼쪽)이 죽었고,
또 70년 후 같은 날에 군사독재의 대표 인물(오른쪽)이 죽었습니다.

재로 이어졌다고 하는데, 일본 군국주의와 군사독재는 박정희라는 인물을 사이에 두고 이렇게 연결되어 있습니다.

두 개의 10·26사건은 사실 어떻게 보아도 우연이겠지요. 그렇지만 역사적인 필연이 우연을 가장해서 자기 모습을 보여주는 것 같기도 합니다. 그래서 역사가 재미있습니다.

김재규가 유신의 심장인 박정희를 저격했는데, 그 뒷마무리는 좋지 않았습니다. 또 다른 군인이 권력을 잡았기 때문입니다.

1979년에 저는 대학교 2학년이었습니다. 한참 어린 나이였지만, 김재규가 박정희를 쐈다고 하니까 분하고 원통한 생각이 들었습니다. 다른 이유는 없었습니다. 박정희 정권을 우리가 끝장내야 하는데, 그럴 기회가 사라졌기 때문입니다. 이건 저와 함께했던 친구들도 같은 생각이었습니다.

그런데 선배 그룹은 판단이 달랐던 것 같습니다. 전국민주청년학생총연맹(민청학련) 사건 때 실컷 맞아본 세대들은 박정희 정권은 못 무너뜨린다고 생각했습니다. 지금 생각하면 우리가 겁이 없었던 것 같습니다. 하지만 유신 말기에는 진짜로 흔들리는 것을 느꼈습니다.

박정희에 대한 이야기를 했으니, 앞서 YH사건에서 빠진 이야기를 좀더 해야 할 것 같습니다. 유신 말기에, 김재규가 유신의 심장을 저격하기 전의 상황에서 의미를 가지는 YH사건 이야기입니다. YH사건 때 여성노동자들이 신민당사에 들어가고 80일 만에 박정희가 김재규의 총에 맞은 것만으로 그들을 평가해서는 곤란합니다. 10·26사건과의 연관성을 떠나서 박정희 정권기 여성노동자들의 활동은 그 자체로 큰 의미가 있기 때문입니다.

1978년 12월 12일에 10대 총선이 있었고, 다음 해 8월에 여성노동자들이 신민당사에 들어갔습니다. 그러면 그 8개월 동안 어떤 일들이 벌어졌던 것일까요?

10대 총선에서 신민당이 공화당보다 1.1퍼센트 더 득표할 만큼, 국민들은 선거를 통해 유신정권에 대한 분노를 표출했습니다. 그렇다면 그 8개월 동안 엄청난 저항운동이 일어났을 거라고 생각하시겠지요. 그러나 전혀 그렇지 않았습니다. 당시 신문을 보면 태평성대가 따로 없을 정도입니다.

민주화운동기념사업회에서 나온 연표를 다 뒤져봐도 1979년 상반기에 전국 주요대학에서 시위가 한 차례도 벌어지지 않았습니다. 저의 기억을 떠올려봐도 다르지 않습니다.

제가 1978년에 대학에 들어갔는데, 그해는 3월, 6월, 9월, 12월로 분기마다 시위가 있었습니다. 많은 횟수는 아니지요. 그저 복싱 챔피언이 지명 방어전 치르듯이 시위를 했던 것입니다. 그런데 1979년에는 그마저도 없어졌습니다. 민심은 변했는데 탄압이 워낙 심하다보니까 할 수가 없었던 것입니다. 그 당시에는 학교 안에 경찰이 수두룩했습니다. 그렇다보니 학생들은 감히 시위할 엄두도 못 냈는데, 그 탄압을 뚫고 나온 것이 YH사건입니다.

이때뿐만 아닙니다. 시간 관계상 자세하게 이야기하기는 어렵지만 1970년대를 이야기할 때 여성노동자들의 정치적인 역할이 특히 중요했다는 점을 기억해주셨으면 합니다. 1980년대 노동운동사를 정리하다보면 여성노동자들이 조합주의에 빠져 있었다고 비판을 하기도 하는데, 박정희의 죽음 그리고 유신체제의 종식이라는 엄청난 변화를 가져왔던 여성노동자들은 1970년대에 그 어떤 이들도 하지 못한 가장 중요한 정치투쟁을 했습니다.

5월 26일 밤
8시 32분,
나는 남았을까?

김재규가 박정희를 쐈습니다. 그리고 변화가 일어났습니다. 그 변화의 흐름이 광주에까지 미쳤습니다. 1980년 5월 18일을 전후하여 광주의 전남도청 앞 분수대 광장에는 매일 3만 명이 모였다고 합니다. 누군가에게 보여주기 위한 곳이 아니라 온전한 의미와 상징성을 갖는 광장이 이때 나타났습니다. 광장이라는 공간은 언제 어느 곳에나 있습니다. 그러나 광장이 진짜 의미를 찾는 순간은 우리가 광장을 메웠을 때입니다.

그러나 광주는 아주 잠깐 해방구가 되었을 뿐입니다. 5월 27일 새벽, 시민군이 머물고 있던 도청에 탱크를 앞세운 공수부대가 나타났고, 도청 일대에서는 일방적인 총소리가 끊이지 않고 들려왔습니다. 얼마 지나지 않아 그 총소리마저 멎었지요.

5·18민주화운동의 의미에 대해서 저보고 강연을 해달라는 청탁이 더러 들어오는데, 예전에는 2시간을 꽉꽉 채워서 배경, 발단, 전개 과정 등을 자세히 이야기했습니다. 그런데 요새는 그렇게 안 합니다. 시간이 너무 많이 흐르지 않았습니까. 2017년의 시점에서 보면 벌써 37년 전의 일이지요. 1945년에 해방되고 난 후 1910년대 의병 이야기를 하는 것과 같은 시간이 흘렀습니다. 저는 그때 대학교 3학년이어서 기억이 생생하지만 지금 대학생이나 젊은이들한테는 5·18민주화운동이 그리 실감나지는 않을 것입니다. 그래서 요즘 저는 5·18민주화운동에 대해서 한 가지만 생각해보라고 이야기를 합니다. 오늘 강연에서도 같은 말씀을 드리고 싶습니다.

지금이 5월 26일 밤 8시 32분이라고 상상해봅시다. '오늘 밤에 계엄군이 들이닥친다, 도청에 남을까, 집에 갈까' 그날 그 자리에 있던 사람은 어느 누구도 남으라고 강요하지 않았습니다. 집으로 간다고 해서 비난할 수 있는 상황이 아니었습니다. 오로지 개인의 선택이었지요. 이런 상황에서 '나라면 어떻게 했을까' 하고 생각해보십시오. 그 질문에 대한 답을 끝까지 찾다보면 5월 광주의 의미를 알게 되실 것입니다. 지금 제 세대에서 아직도 소위 '운동판'을 왔다 갔다 하는 사람들은 그 질문을 내려놓지 못하는 사람들입니다.

'나는 총을 들었을까, 도청에 끝까지 남았을까, 남았으면 이길 수 있었을까?' 그때 시민군이 가지고 있던 총은 제2차 세계대전이나 한국전쟁 때 쓰던 카빈이나 엠원이라는 소총입니다. 그것으로는 계엄군을 막을 수 없다는 것을 누구나 알고 있었습니다. 이길 수 없다는 것을, 이제 끝났다는 것을 모두 알고 있었습니다. 그러니 산 사람은 살아야 할 것 아닙니까. 쓸데없는 희생은 최소화해야지요. 집에 가는 것이 맞습니다. 많은 사람들이 집에 가야 한다고 했습니다.

그런데 만약 5월 26일 밤에 누구도 헛된 죽음을 맞이

해서는 안 된다고 생각하고, 아무도 남지 않고 다 집에 갔으면 어떻게 됐을까요? 그랬다면 5월의 광주를 지금과 같은 마음으로 기억하지는 않았을 것입니다. 남은 사람은 어떤 사람들이었을까요? 저는 그들이 민주주의를 위해서 남았다고 생각하지 않습니다. 그렇다고 그 싸움을 이길 수 있다고 믿었던 바보 멍청이였다고 생각하지도 않습니다. 그런데 그들은 왜 남았을까요? 다 집에 가면 안 되니까, 모두 집에 가면 텅 빈 도청에 전두환과 그 졸개들이 으스대면서 들어올 텐데 그 꼴은 못 보겠으니까 남았던 것입니다.

그런 사람들 외에 나머지 사람들은 다 집에 갔습니다. 전남도청 앞에 매일 3만여 명이 모였다고 하는데 도청에 남은 사람은 300여 명, 1퍼센트만 남은 것입니다. 5월 27일 새벽 3시가 넘어서 광주 시내에 방송이 울려퍼졌습니다. "우리는 폭도가 아닙니다. 시민 여러분, 우리를 잊지 말아주십시오". 조금 전까지 같이 있었으니까 폭도가 아니라는 건 다 알고 있었겠지요. 그런데 왜 그런 말을 한 걸까요? 자신들이 죽고 나면 전두환 정권이 폭도로 만들 테니까 살아 있는 당신들이 기억해달라는 뜻입니다.

집에서 그 방송을 듣고 있던 사람들의 마음이 어땠을까요? 몇 시간 전까지 함께 싸우고, 며칠 동안 도청에 나가 물도 나르고, 부상자도 치료했던 사람들이 그 방송을 집에서 들을 때의 마음이 어땠을까요? 최후의 순간이 왔다는 것은 당연히 알았을 테지요.

저는 1980년 5월 27일 새벽에 서울에 있었지만 '나라면 어떻게 했을까' 하는 질문에서 자유로울 수 없습니다. 우리 세대의 많은 사람들이 아마 그럴 것입니다. 여러분이 보시기에 저는 어떻게 했을 것 같습니까? 1980년 5월에 대학교 3학년이었던 22세 한홍구는 어떻게 했을까요? 내가 남아서 총 쏘고 싸워야 하나, 싸우는 게 맞는 것 같은데, 그래도 싸울 사람이 나밖에 없나, 나는 총을 잘 쏘지도 못하는데 도움이 될까… 별별 생각을 다 하고 있었을 것입니다.

여러분이 보시기에 저는 총을 잘 쏠 것 같은가요? 그

렇지는 않지요. 그런데 이런 엄청난 역사적 사건을 후대에 전하는 건 어떨 것 같습니까? 제가 책도 여러 권 내고 이렇게 강의도 하고 있으니, 그런 건 잘할 것 같다고 생각하시겠지요. 그렇다면 고민 끝에 저는 어떤 선택을 하겠습니까. 사회의 전체적인 발전과 역할 분담을 생각할 때 저는 집에 가는 게 맞겠지요. 지식인이란 이런 존재입니다. 자신이 집에 가도 되는 이유를 2632가지 정도는 거뜬히 생각해낼 수 있는 사람들입니다.

그러다보니 도청에 남은 사람 중에는 '사' 자 들어가는 사람이 거의 없습니다. 박사, 변호사, 목사도 없고, 교사도 한 분밖에 없었습니다. 야학 교사 몇 분은 남았습니다. 다 집에 갔습니다. 남은 사람들은 대체로 가스 배달, 기름 배달, 신문 배달, 식당 종업원, 구두닦이, 웨이터 같은 젊은이들이었습니다. 대학생들도 남긴 남았습니다. 인구 비율만큼 남았습니다. 그들이 "시민 여러분, 우리를 잊지 말아주십시오"라고 했을 때, 그 마지막 방송이 광주 바닥에 울려퍼질 때, 그 말은 집으로 간 사람들의 가슴을 파

고들었을 것입니다.

방송이 끝나고 이번에는 총소리가 울려퍼졌습니다. 소리가 길지도 않았습니다. 30~40분, 전력에서 워낙 차이가 나니까 순식간에 제압을 당했던 것입니다. 짧은 시간이었지만 집에서 그 소리를 듣고 있는 사람들에게는 반만년, 아니 우리 역사에서 가장 긴 새벽이었을 것입니다. 그리고 그 새벽을 보낸 다음에 집에 있던 사람들에게는 살아남은 자의 슬픔이라는 것이 생겼습니다.

살아남은 자의 슬픔, 이 말은 1980년대를 이해하는 가장 중요한 말입니다. 그리고 7년이 지난 후 6월항쟁이 일어났습니다. 6월항쟁을 가장 쉽게 설명하면, 1980년 5월 도청에서 도망갔던 사람들이 다시 모인 사건, 1980년 5월 26일 밤에 품었던 질문을 안고 살아온 이들이 다시 모인 사건이라고 할 수 있습니다. 전두환 정권에 짓밟혔던 사람들이 모이는 데 7년이 걸린 셈입니다. 집으로 돌아갔던 이들이 거리로 다시 나오는 데는 3년쯤 걸렸습니다.

"데모하지 마라"

　　역사를 보면 때로는 잘 지는 게 구차하게 살아남는 것보다 훨씬 중요하다고 여겨질 때가 있습니다. 1980년 5월 광주가 그랬습니다. 도청에 남은 사람들이 있었기 때문에 전두환 정권의 폭압에도 불구하고 그 이후에 많은 사람들이 모일 수 있었기 때문입니다. 그러나 1980년대의 시위는 광주에서처럼 해방구를 만들어서 서로의 생각을 나누거나, 오늘날의 촛불집회처럼 광장에 모여 각자의 구호를 외치는 모습은 아니었습니다. 즉 1980년대에도 광장이 있었지만 그때의 시위는 대중적이지 않았습니다. 소수의 사람들이 선도하는 모습이었지요.

　　1980년대에 사람들을 모으려면 구두로 시간과 장소

를 전달해야 했습니다. "몇 시에 어디" 혹은 "어디에서 몇 시" 하고 전달을 했는데, 그걸 '택'이라고 불렀습니다. 택틱(tactic, 전략·작전)을 줄여서 그렇게 말했지요. "세운상가 육교에서 6시 52분" 하는 식입니다. 7시도 아닙니다. 택을 받아 근처에서 어슬렁대고 있으면 주동자가 육교에서 유인물을 뿌리든지 차도로 뛰어나와서 아우성을 치든지 합니다. 그럼 숨어 있던 사람들이 길바닥에 나와서 구호를 외치다가 경찰이 출동하면 흩어집니다. 다시 "7시 13분 국도극장 앞 매표소" 하는 택이 뜨면, 그곳에 가서 구호를 외치고 기동대가 오면 또 흩어지고 하는 식으로 하루 종일 돌아다니며 세 번, 네 번 구호를 외치는 것이 당시의 시위 모습이었습니다.

1980년대는 1970년대와 비교해 모이는 사람의 규모가 달랐습니다. 모두 광주의 기억을 갖고 있었기 때문에 많이 모이면 3000명까지 모였습니다. 6월항쟁 이전 1980년대의 가장 큰 시위는 1986년 5·3인천항쟁인데, 이때는 5000명 정도가 모였습니다. 1980년대의 시위는 일반 시민들이 참여하기 어려울 정도로 과격했습니다. 짱돌에 각목에 화염병까지 등장했고, 경찰도 무자비하게 진압하면서 다양한 종류의 최루탄을 수도 없이 쏘아댔습니다. 1987년 6월항쟁까지 그랬습니다.

1987년 6월항쟁 때는 참여하는 사람들의 숫자가 많이 늘어나고, 평화적인 방법으로 시위를 하기도 했습니다. 시민들이 박종철의 죽음에 크게 분노한 탓입니다. 박종철 이전에도 수시로 고문이 행해졌고, 고문을 받다가 죽은 사람도 많습니다. 그런데 왜 유독 박종철의 죽음에 시민들이 반응했던 것일까요?

많은 이들이 박종철의 죽음에 공분한 까닭은 그가 죄를 지어서 잡혀가 고문을 받은 것이 아니기 때문입니다. 박종철이 잡혀간 이유는 그가 아니라 그의 선배를 잡기 위해서였고, 박종철은 고문을 받으면서도 끝내 선배의 행방을 말하지 않다가 죽었습니다. 평범하게 대학생활을 하는 사람도 별안간 잡혀가 죽을 수 있다는 사실에 사람들이 분노를 한 것이지요.

박종철은 사망 당시 정권이 말하는 것처럼 운동권 학생도 아니었습니다. 박종철이 죽음을 맞을 당시, 그는 학생운동을 그만두기로 한 상태였습니다. 아버지가 수도검침원으로 일하셨는데 많이 편찮으셔서 집안 형편상 학생운동을 계속할 수 없었던 것이지요. 박종철의 큰형은 77학번으로 서강대에 진학했고, 막내아들인 박종철은 서울대에들어갔으니, 둘 다 효자 노릇 한 것이지요. 시위를 하다가 무기정학도 받고 하니 부모님의 걱정이 이만저만이 아니었습니다. 그래서 박종철은 효도해야겠다고 마음을 다잡고 3박 4일 동안 눈물을 양동이만큼 쏟으면서 고민하다가 결국은 학생운동을 그만두고 고시공부를 시작했습니다.

박종철이 지키려 한 선배는 시간이 흘러 한나라당 소속으로 국회의원에 출마하기도 했습니다. 우리 현대사가 이렇게 울퉁불퉁합니다. 박종철이 죽은 후 사람들은 그간 긴가민가했던 일들에 의혹을 품기 시작했습니다. 그전에도 1985년의 김근태 고문 사건, 1986년의 부천서 성고문 사건 등이 있었는데, 이때는 정부가 빨갱이들이 정부를 욕보이기 위해서 거짓말을 하는 거라고 주장했습니다. 그런데 고문으로 실제 사람이 죽었잖아요. 일반 시민들도 다르게 느꼈지요.

1980년대에는 대학에 들어가면 축하 인사를 하고 난 뒤에 늘 따라붙는 말이 있었습니다. "데모하지 마라"였지요. 그런데 박종철은 더 이상 학생운동을 하지 않겠다고 결심한 학생이었습니다. 그러니 본인이 고문을 받을 이유도 없었습니다. 그래서 시민들이 이건 정말 아니다, 뭔가를 해야겠다고 마음을 먹게 된 것입니다. 그전까지는 짱돌 던지고 각목 휘두르고 하는 시위니 동참할 수가 없었습니다.

그런데 박종철의 죽음 이후에는 시위의 방식이 달랐습니다. 그의 죽음을 슬퍼하는 사람들에게 '까만 리본을 달자, 10시에 멈춰서 묵념을 하자'는 내용의 제안을 했습니다. 어떻습니까? 사람들이 생각하기에 그 정도는 할 수 있는 일입니다. 목숨 걸고 돌 던지고 백골단에 정면으로 맞서지 않아도 되는 일입니다. 10시에 맞춰서 묵념을 하

박종철의 죽음은 이 땅의 부모들에게 자기 아들의 죽음으로 받아들여졌습니다.

려고 멈춰섰을 때 경찰이 "당신 왜 서 있어?" 하고 추궁해도 "추모도 못 하냐, 리본도 못 다냐" 하고 말할 수 있습니다. 그런 행동을 한다고 잡혀가는 것도 아니니 슬픔이라도 표시해야지 하고 자연스레 사람들이 모일 수 있었던 것입니다.

그 모든 행동을 1987년 2월 9일 10시 정각에 맞춰서 하기로 했습니다. 시위를 준비하는 측에서도 사람들이 얼마나 함께할지 예측하기 어려웠습니다. 그런데 사람들이 모두 그 시각에 멈춰섰습니다. 차들은 추모의 표시로 경적을 울려달라고 했는데, 시내의 차들이 일제히 경적을 울렸습니다. 당시 신문에서는 길이 막힌 탓에 경적을 울렸다고 했는데, 길이 막혀서 누르는 것과 추모의 의미로 누르는 건 들어보면 구별되지요. 차도에서는 빠앙 — 하고 경적을 길게 울리고, 연도에서는 사람들이 멈춰서 묵념을 하는 광경이 펼쳐졌습니다.

거리에 있는 사람들은 모두 알았습니다. 다들 분노하고 있구나, 우리 편이 이렇게 많구나 하는 것을. 그때부터 사람들이 모이기 시작했습니다. 6월항쟁이 있기 전해인 1986년 말에 저는 민주화운동청년연합(민청련)이라는 조직에서 일하기 시작했습니다. 1987년에는 신문팀에 배치가 되었는데, 첫 번째 편집회의에서 아무리 논의를 해도 기삿거리가 없었습니다. 1986년 10월에 건대항쟁이 있었는데, 그때 1000명이 구속된 후 운동 진영의 씨가 말랐던 탓이지요. 그래서 전국에 100명이 모이는 집회도 없다고 할 정도였습니다. 당시 신문팀장이 100명만 모여도 1면에 탑으로 올리겠다고 할 만큼 운동 진영이 고개를 푹 숙이고 있던 때였습니다. 예를 들어 오늘 같은 강연만 있어도 "망원동에서 현대사 열기 후끈" 하고 제목을 달아서 1면에 기사를 쓸 텐데 하고 생각할 정도였지요.

그런 상황이었는데, 불과 다섯 달 만에 100만 인파가 거리로 나온 것입니다. 1979년 부마항쟁도 그렇고 무언가가 벌어지기 전에는 사람들이 서로 눈치만 보는 것 같습니다. 그리고 다들 같은 마음이라는 것을 확인한 후에는 그 세가 걷잡을 수 없이 불어나는 듯합니다. 2016년 말부터 2017년 초까지 이어진 촛불을 보면서는 저도 깜짝 놀랐습니다. 2008년 광우병 파동 때는 한 달 동안 서서히 사람들이 모이다가 어느 날 10만 명이 모였고, 그다음 주에 60만 명이 모였습니다. 그때도 참 대단하다고 생각했지만, 2016년에는 서너 번 만에 200만 명 가까이 모였으니 얼마나 대단합니까.

6월항쟁 때도 적은 인원이 모인 것은 아닙니다. 이것저것 합치면 연인원 100만 명은 넘었을 것입니다. 이때 6월항쟁으로 세상을 바꿨어야 합니다. 만약 그랬다면 저는 30년이 지난 지금 여러분 앞에서 이런 아쉬움을 토로할 필요가 없을 테지요.

그때는 광주 학살의 공소시효가 살아 있을 때였습니다. 제가 책상에 앉아서 매일같이 정리하고 있는 이른바 과거사가 펄펄 살아 있을 때입니다. 어떤 분들은 저에게 왜 그렇게 과거사에 매달리느냐고 하는데, 6월항쟁이라는 좋은 기회를 놓쳐서 그렇습니다. 그래도 마냥 투덜거릴 수만은 없을 것 같습니다. 지금까지 우리가 패배하지 않고 온 것만은 사실입니다. 화끈하게 승리하지는 못했어도 이토록 끈질기게 이어온 역사는 전세계에서 유례를 찾기 어렵습니다.

저는 축구를 잘 못합니다만, 대학 때 우리 과가 무패의 기록을 갖고 있었습니다. 축구를 잘하지도 않고 큰 과도 아닌데 왜 무패였느냐면, 우리랑 하면 우리가 이길 때까지 했기 때문입니다. 우리가 여러 골을 먹어도 안 끝내고 계속했습니다. 그러면 상대팀이 "그래, 우리가 졌다" 하면서 물러났습니다. 민주주의의 과정에서 우리가 걸어온 길이 그랬습니다. 끈질기게, 이길 때까지 계속해왔기 때문에 역사에서 패배한 적이 없습니다. 늘 쥐어터지고 피 흘리고 그래도 말입니다.

당시 대다수 사람들이 6월항쟁으로 직선제만 실현되면 독재권력에 맞서서 이길 줄 알았습니다. 당시 구호가 "호헌철폐 독재타도, 직선제로 민주쟁취"였습니다. 직선제만 되면 당연히 우리가 이기리라 믿어 의심치 않았습니다. 그런데 잘 아시는 것처럼 전두환에 이어 노태우가 대통령이 되었습니다.

6월항쟁 이후에 "직선제로 민주쟁취"를 했으면 참 좋았을 텐데, 그러지 못했다고 해서 크게 실망할 일은 아닙니다. 1987년 대선에서 김영삼과 김대중이 갈라지면서, 잘 쑨 죽을 노태우에게 헌납했지만 어떻든 그 이후에 우리는 전직 대통령을 두 명이나 감옥에 보냈습니다. 역사에 큰 죄를 지은 이들에게 그 죄과를 돌려준 것입니다. 또한 그렇다고 해서 이때 민주화가 이뤄졌다고 주장할 수도 없습니다. 한국은 이때 민주화가 된 것도 아니고 안 된 것도 아닙니다. 전직 대통령을 두 명이나 감옥으로 보냈지만, 또한 3당합당이 되면서 민주화운동 세력이 반토막이 된 역사가 함께 찾아왔습니다.

세 번의
노마크 찬스

1987년 6월항쟁과 그해 12월 16일 13대 대선 사이에 7·8·9월 노동자대투쟁이 있었습니다. 이 투쟁의 의미는 노동자들이 역사의 주인으로서 자신들의 권리를 주장하기 시작했다는 것입니다.

1987년에 전사회적으로 민주화에 대한 요구가 분출되기 전까지 노동자들은 장시간 저임금을 받는 불쌍한 사람들 취급을 받았습니다. 그런데 이 노동자들이 '왜 우리가 가난하지?' 하고 생각하고, 가난의 구조적인 문제를 건드리기 시작했습니다. 한국전쟁 이후로 금기시했던 생각, 집안 말아먹을 빨갱이나 하는 생각을 노동자 스스로 하게 되었고, 나아가 자신들의 권리를 주장하기 시작했습니다.

자본가나 중산층 중에는 노동자들의 폭발적인 힘의 분출이 위험하다고 생각하는 사람들도 있었습니다. 그런 까닭에 노동자들이 역사의 전면에 등장함과 동시에 3당 합당이 진행되었습니다. 저들이 힘을 모은다면, 보수세력도 힘을 모아야 한다는 위기감이 반영된 것이지요.

3당합당은 쉽게 말하면 민주화운동 세력이 반토막이 났다는 의미입니다. 영남, 호남이 한마음으로 6월항쟁을 만들어냈는데 그 절반이나 되는 세력이 독재권력을 지탱했던 세력에 붙은 것입니다.

1990년 당시 집권여당인 민주정의당(민정당), 제2야당인 통일민주당(민주당), 제3야당인 신민주공화당(공화당)이 합쳐져 민주자유당(민자당)을 만들었습니다. 일본의 자유민주당(자민당)을 본뜬 것이었는데, 일본의 자민당은 50년을 했지만, 민자당은 100년, 200년도 끄떡없게 만들겠다는 생각이었지요. 민자당이 당시 국회 의석의 70퍼센트 이상을 차지했으니, 그들이 자신에 차서 이야기하는 것도 무리는 아니었습니다.

민주화운동 세력이 반토막이 나고, 그것도 모자라 그 반이 독재권력을 지탱한 세력과 합쳐졌음에도 7년이 지난 후에 민주적인 정권 교체가 일어났습니다. 1990년 3당 합당 후 7년이 지난 1997년 15대 대선에서 김대중 정권이 들어선 것입니다.

물론 김대중(DJ)도 DJP연합을 했습니다. 당시에는 민주주의의 가치를 저버리고 김종필(JP)과 손을 잡다니 김대중은 대통령병 환자다 하는 비판 여론이 크게 불거져나오기도 했습니다.

그렇지만 당시 상황을 따져보면, DJP연합이 없이는 정권 교체가 일어나지 않았을 것입니다. 오늘날의 관점에서 보면 김대중 대통령 당선이 당연했던 일처럼 여겨지지만, 사실 당시에 민주화를 지지하는 세력의 힘은 그리 강하지 못했습니다.

정권 교체의 가장 큰 공신은 아이러니하게도 IMF 외환위기입니다. 집권당이 나라를 파산으로 몰고 가지 않았다면, 즉 외환위기가 없었다면 집권당을 이기기 어려웠을

집권여당인 민정당, 제2야당인 민주당, 제3야당인 공화당이 합쳐
민자당을 만들었습니다.

정도입니다.

그 밖에도 여러 돌출 변수들이 영향을 미쳤습니다. 집권당에서 이인제가 갈라져 나오지 않았다면, 그래서 그가 500만 표를 가져가지 않았다면 절대로 정권이 바뀌지 않았을 것입니다. 김영삼의 아들인 김현철의 비리도 대선 정국에 영향을 끼쳤습니다. 그리고 이회창 아들의 병역 비리 문제에도 여론이 시끄러웠습니다. 자식을 군대에 보낸 사람들 중 분노해서 이회창 지지를 철회한 경우가 많았지요. 이러한 대여섯 개 요인이 합쳐져서 겨우 정권 교체가 되었던 것입니다.

제가 젊었을 땐 김대중 대통령을 좋아하지 않았는데 요새는 아주 좋아하고 존경하고 있습니다. 김대중 대통령의 업적이라고 하면 흔히 남북관계 개선을 가장 먼저 떠올리지만, 그것만큼이나 중요한 업적은 이후에 민주정권이 계속 집권할 수 있는 길을 열었다는 것입니다. DJP연합 같은 것을 안 하고도 민주세력이 영향력을 가질 수 있을 만큼 커졌다는 의미입니다. 그리고 또 하나의 업적이

라고 한다면 우리가 비로소 광장의 주인이 될 수 있었다
는 것입니다.

그렇지만 안타까운 점도 있습니다. 어렵게 집권을 했
다고 하더라도, 기왕에 정권을 잡았으면 세상을 좀더 나
은 방향으로 바꿔야 했습니다. 가장 안타깝게 여기는 부
분이 재벌 해체입니다.

외환위기 때 국제통화기금(IMF)이 재벌 해체를 요구
했는데도, 김대중 정부는 그렇게 하지 못했습니다. 그때는
재벌들도 지은 죄가 있어서 아무 소리도 못할 때였습니
다. 이렇듯 재벌 해체가 시대의 당연한 요구였는데, 김대
중 대통령은 너무 외환위기 탈출에 집착한 나머지 이루지
못했습니다.

재벌 해체는 몇 달 지나지 않아 재벌 규제로 후퇴를
했습니다. 재벌 규제 다음에는 재벌 개혁, 그러다가 재벌
개혁이 경제 개혁이 되고, 경제 개혁이 경제민주화가 돼
버렸습니다. 그래서 결국 경제민주화는 어디로 갔습니까?
2012년 18대 대선에서 박근혜가 써먹고는 흐지부지되었

습니다. 그다음에 뭐가 나왔습니까? 노동 개혁이 나왔습니다. 아예 재벌들이 노동을 개혁하자는 이야기를 꺼낸 것입니다. 역사에는 찬스가 있습니다. 마치 축구에서 찬스 후에 역습을 당하는 것처럼, 역사에서도 찬스를 놓치면 그다음에 꼭 역습당합니다.

제가 강의를 할 때면 이 정도 이야기를 한 후에 질문을 던집니다. 즉 1987년 6월항쟁까지 이야기를 하고 난 후에 늘 이렇게 물어봅니다. "이래도 세상이 안 바뀐다고 생각하세요?" 6월항쟁이라는 역동적인 변화를 봤기에 학생들은 할 말이 없지요. 게다가 해방 후부터 40여 년 만에 이뤄낸 변화이니 더더욱 할 말이 없습니다. 그렇습니다. 1987년 6월항쟁까지, 아니 그다음 민주적 정권 교체까지 대한민국은 굉장히 빨리 변한 것입니다.

그런데 왜 사람들은 여전히 좋은 세상이 왔다고 느끼지 못할까요? 그것은 우리가 만들어낸 변화의 기회를 제대로 살리지 못했기 때문입니다. 찬스가 왔을 때 골을 넣지 못했기 때문입니다.

우리가 발만 대면 득점할 수 있는 찬스를 얼마나 놓쳤는지 한번 생각해보세요. 1987년 6월항쟁, 1997년 외환위기 때 놓쳤습니다. 둘 다 거의 노마크 찬스였습니다. 또 있습니다. 2004년 노무현 대통령 탄핵 사건 때도 놓쳤습니다. 1987년부터 20년 동안 세 번의 찬스가 왔다면 정말 많았던 것입니다.

2002년 월드컵이
열어놓은 광장

2004년 노무현 대통령 탄핵 사건을 말하기 전에, 우리에게 찾아온 광장의 경험을 좀더 짚어봐야 할 듯합니다. 아마 기억하고 계실 텐데, 2002년 월드컵은 굉장히 극적으로 우리에게 광장을 열어주었습니다. 그전에 외환위기를 겪으면서 민족적 자존심이 땅바닥에 떨어져 있던 때였습니다. 그러한 상황에서 2002년 월드컵이 열렸고, 한국 축구대표팀이 예상을 뛰어넘는 성적을 거두었습니다. 매 경기가 손에 땀을 쥐게 했고, 시간이 지날수록 많은 사람들이 광장으로 나와 환호했습니다.

1970~80년대에 광화문 연합시위라는 게 있었는데, 학교에서 시위를 할 수 없는 탓에 각 대학의 학생들이 광화

문에 모여서 했던 시위입니다. 이때 광화문 아스팔트에 내려갔다가 잡힌 사람은 징역 10개월에서 1년 형을 받았습니다. 그런데 월드컵 때 10만 명의 사람들이 아스팔트를 밟았으니, 이들이 모두 잡혀갔다면 징역 10만 년 치는 되는 셈입니다.

월드컵이 진행되는 와중에 미군 장갑차에 의한 여중생 사망 사건, 일명 '효순이 미선이 사건'이 일어났습니다. 하지만 월드컵의 열기에 묻혀버렸지요. 이 사건에 대한 재판이 9월에 있었는데, 그 재판 결과가 나온 뒤 사람들이 광화문에 다시 모이기 시작했습니다. 사람들은 재판을 통해 그 가해자들이 처벌을 받을 줄 알았습니다. 사실 사고는 날 수 있지요, 나면 안 되지만. 그리고 사고가 났다면 그에 대한 책임을 져야지요. 그때 사람들도 그렇게 생각했습니다. 그런데 재판 결과, 사건의 가해자에게 무죄가 내려졌습니다. 아이들 둘이 죽었는데, 미군 측에 아무런 잘못이 없다는 것입니다. 그리고 가해자들은 미국으로 가버렸습니다.

시민들은 도저히 이 상황을 받아들일 수 없다고 여겼습니다. 1992년 미국에서 LA폭동이 있었지요. 백인 경찰관들이 흑인 청년을 구타한 '로드니 킹 사건'이 시발점이었습니다. 흑인들의 분노가 폭발한 날이 백인 경찰관들이 무죄를 받은 날입니다.

효순이 미선이 사건 때 사람들이 분노한 것도 같은 이유입니다. 이와 같은 문제에 대해 일반 시민들이 가지는 기대가 있습니다. 그것은 내가 세금 낸 나라의 국가기구, 의회, 사법부가 제대로 굴러갈 거라는 기대지요. 그 기대가 무너지자 사람들이 분노한 것입니다. 그렇지만 LA폭동과는 다른 모습이었습니다. 평화적으로 촛불을 들고 광장에 나왔지요. 이것이 바로 우리나라의 첫 번째 촛불집회였습니다. 광장이 시민의 것임을 선언한 사건이라고 할 수 있습니다.

당시 가장 강렬한 장면은 성조기를 찢는 퍼포먼스였습니다. 1980년대라면 성조기를 찢는다는 것은 국가보안법 위반으로 잡혀갈 만한 사건입니다. 어떻든 성조기를 찢는 장면이 CNN 뉴스에 나왔을 때 전세계 사람들이 충격을 받았습니다. 광화문 광장에 거대한 성조기가 등장했고, 그 성조기를 시위에 참여한 시민들이 쭉 잡아당겼더니 순식간에 찢어져 사라져버렸습니다. 전세계적으로 가장 대규모의 반미 집회였던 셈이죠.

그런데 당시 광장에 모인 시민들이 외치는 반미와 1980년대 운동권이 잡혀가면서까지 외쳤던 반미는 성격이 조금 다릅니다. 1980년대 반미를 외치던 사람들은 1980년 5월 광주를 겪으면서 뼈저리게 알게 된 사실이 있었습니다. 그때 비로소 우리에게 미국은 어떤 존재인가라는 질문을 던지기 시작하면서 깨달은 사실입니다. 그전까지는 미국을 한국전쟁에서 우리를 구해준 큰형님이라고 여겼는데, 알고 보니 우리를 갈라놓은 장본인이고, 광주 학살의 주역이라고 생각하게 되었습니다. 미국이 한반도를 갈라놓지 않았다면 전쟁 자체가 일어나지 않았을지도 모릅니다. 게다가 민주주의의 수호자를 자처하면서, 광주에서 시민들을 학살한 전두환의 손을 들어주다니 사기꾼이라는 생각도 들었습니다. 이러한 감정들이 있었기 때문에 감옥에 가고 고문을 당하고 분신을 하면서까지 반미를 부르짖었던 것입니다. 얼마나 절박하고 처절합니까.

2002년 촛불집회에서 외쳤던 반미는 1980년대처럼 절박하고 처절하지는 않았습니다. 그러니 20년 동안 반미를 외쳤던 사람들과 갈등이 생기기 시작했습니다. 촛불집회에 나온 대다수 사람들은 이전까지 분단이나 광주에 대해 오랫동안 반미를 외친 사람들만큼 깊이 생각해보지 않았지만, 효순이 미선이 사건 때에 적어도 미국이 이렇게 하는 건 아니지 하는 생각을 갖고 나왔습니다. 그래도 우리나라가 독립국가인데, 재판을 그따위로 하면 안 되지 하는 생각을 했던 것입니다.

그런 사람들에게 1980년대 운동권이 와서 가르치려 들면 기분이 어떻겠습니까? 광장에 모인 사람들은 기분이 나쁠 수밖에요. 그런 상황이었던 탓에 말로는 표현이 안 되는 이상한 일이 벌어졌습니다. 한쪽은 반미를 외치는데 한쪽은 우리 반미 아니다, 우리는 안티 USA다 하는 일이 벌어졌습니다. 안티 USA를 번역하면 반미지요. 백마 엉덩이나 흰말 궁둥이나 그게 그거 아닙니까. 참을 수 없는 안티 USA의 경박함과 견딜 수 없는 반미의 무거움이 충돌했는데, 본격적으로 부딪치지는 않았습니다. 어떻든 2002년 촛불의 민심에는 반미 혹은 안티 USA가 있었습니다.

첫 번째 탄핵과
실패한 개혁

2002년의 촛불은 노무현 대통령이 당선되면서 부드럽게 꺼졌습니다. 앞서 말씀드린 것처럼 당시 사람들에게 반미 혹은 안티 USA에 대한 정서가 있었는데, "반미 감정좀 가지면 어때"라고 말하는 대통령이 당선되었으니 앞으로 효순이 미선이 사건 같은 일은 없을 거라고 여겼기 때문입니다.

그런데 두 번째 촛불이 1년 반 만인 2004년에 다시 켜졌습니다. 김대중이 대통령이 됐을 때는 그전까지 권력을 쥐고 있던 이들도 받아들일 수 있었습니다. 김대중이 대통령이 될 수도 있다고 여기고 마음의 준비도 하고 있었지요. 김대중 정권에게 5년만 권력을 내어줬다가 되찾아오는 것도 나쁘지 않다고 마음을 다잡기도 했을 것입니다. 그런데 그들이 보기에 어디서 듣도 보도 못한 노무현 대통령이 갑자기 튀어나왔습니다. 그들은 엄청난 패닉에 빠졌을 테지요.

그러더니 노무현 대통령 취임 전부터 탄핵 이야기가 나왔습니다. 그리고 취임 후 1년 조금 지나서 노무현 대통령을 끌어내리려 했습니다. 그 결과는 잘 알고 계실 겁니다. 국민들이 벌떼처럼 쏟아져나왔지요. 효순이 미선이 사건 촛불집회 때는 시청 앞만 메웠다면 이때는 광화문에서 시청 앞까지 다 메웠습니다.

2004년 촛불 하면 가장 먼저 떠오르는 것은 탄핵을 표결하는 국회의 장면입니다. 유시민을 비롯해 열린우리당 의원들이 넋을 놓고 우는 장면을 아직도 기억하는 분들이 있을 것입니다. 나라를 잃은 날 목 놓아 울었다는 시일야방성대곡(是日也放聲大哭)의 분위기가 아마 이렇지 않았을까 싶습니다.

그다음으로 떠오르는 것은 탄핵 후 광장의 모습입니

다. 제가 노무현 대통령 탄핵이 국회에서 통과된 날에 원고 청탁이 들어와서 격문 비슷한 것을 써놓고, 그리고 다음 날에도 원고 청탁이 들어와서 마저 글을 쓰고 그날 저녁에 광화문 광장에 나갔습니다. 나갈 때는 비장한 마음으로 나갔는데 가보니 분위기가 예상과 달랐습니다. 광장에서 음악 소리가 크게 들리는데 비장한 운동권 음악이 아닌 "브라보 브라보 아빠의 청춘" 하는 노래였습니다. 그전과는 다른 광장의 모습에 저 역시 신선한 충격을 받았던 기억이 있습니다.

사람들이 노무현 대통령이 탄핵될 때는 몰랐는데 정신을 차리고 보니까 한 달 뒤에 국회의원 선거가 있다는 것을 알게 되었습니다. 그러고는 탄핵을 통과시킨 사람들에게 철저하게 되갚아주었습니다. 선거 후에 열린우리당이 152석으로 과반수가 된 것이지요. 민주노동당은 제3당으로 대약진을 했습니다. 이 선거 결과의 의미는 무엇일까요? 가장 큰 의미는 기득권 세력이 노무현을 끌어내렸는데 국민들이 다시 노무현에게 힘을 주었다는 것입니다.

취임 후 1년 동안 제대로 못해서 마음이 상했지만, 그래도 우리가 뽑은 대통령이 개혁을 하겠다는데 왜 끌어내리느냐고 항의를 한 것이지요. 또 다른 의미도 있습니다. 김대중 대통령은 국회가 약해서 개혁을 하려고 해도 추진하기가 어려웠습니다. 그래서 국민들이 노무현 정권에 새 국회를 만들어준 것이지요. 여대야소, 여당이 단독 과반수가 되었습니다. 덤으로 민주노동당 10석을 실어줬습니다.

그런데 그 국회가 뭘 했습니까? 아무것도 못 했습니다. 민주사회를 위한 변호사 모임(민변) 출신 대통령에, 민변 출신 국정원장, 법무부장관이 있었습니다. 국회에도 민변 출신 원내대표가 있었습니다. 국회의원 중 30~40명이 국가보안법 위반으로 감옥에 갔다온 적 있는 새 국회를 만들어주었습니다. 그런데 그 국회가 개혁 입법을 아무것도 통과시키지 못했습니다. 사립학교법을 통과시켰다가 물러주었고, 그해 연말에 1000명이 길거리에 모여서 국가보안법 폐지 단식을 했는데 결국 폐지시키지 못했습니다.

그리고 어떻게 됐습니까? 역사는 복잡하지 않습니다.

축구에서 찬스를 놓치면 역습을 당하는 것처럼, 딱 10년 뒤에 그 국가보안법으로 통합진보당, 2004년 총선에서 약진했던 원내 제3당의 후신이 해산당했습니다. 재벌 문제는 어떻습니까? 외환위기 직후 재벌 해체의 기회를 놓치고 나니 재벌이 노동자를 개혁하겠다고 달려들고 있습니다.

1987년 기회를 놓치고 우리가 당한 보복은 무엇입니까. 3당합당으로 거대 여당 새누리당의 전신인 민자당이 그때 만들어진 것 아닙니까. 우리가 놓친 가장 기가 막힌 찬스는 언제였을까요? 해방 직후 친일파 청산에 실패한 일입니다. 그때 친일 청산을 놓칠 거라고 상상이나 했겠습니까. 그 찬스를 놓쳐서 지금까지 이어지는 보수 기득권 세력의 틀이 잡혔던 것입니다.

겨우 쇠고기
때문에?

이명박 정부에 들어서는 촛불이 엉뚱한 일로 재점화되었습니다. 광우병 파동으로 2008년 촛불이 켜졌던 것이지요. 그때는 솔직히 많은 사람들이 '겨우 쇠고기 문제 때문에?'라고 생각했습니다. 이명박 정부에 따져물어야 할 것이 얼마나 많았습니까? 그런데 쇠고기 문제로 시위를 벌이다니, 그 당시 운동권이라 불리던 사람들은 세상이 좋아지니까 별걸로 다 시위를 한다고 생각했습니다. 이른바 주류 운동권의 일반적인 분위기였습니다.

그랬습니다. 2008년의 촛불이 얼마나 갈까 했습니다. 그런데 한 달이 넘게 이어졌습니다. 이전과는 다른 분위기의 시위 문화도 만들어졌습니다. 중고등학생들이 많이 참여하기도 했지만, 2008년의 촛불은 재미가 있었습니다. 이때는 재미없으면 정말 마이크를 못 잡았습니다. 대표적으로 재미없는 사람들, 그래서 마이크를 잡을 수 없었던 사람들이 누구였을까요? 아마 공부 많이 한 운동권들일 것입니다. 마이크를 잡은 사람이 운동권인지 아닌지는 몇 마디만 들어보면 알 수 있습니다. 처음 다섯 마디 안에 자본주의가 나오고, 세 마디 뒤에 신자유주의가 꼭 나옵니다. 그러면 무대 아래에서 야유가 쏟아지고 마이크를 뺏기는 것이지요.

이명박 정권 입장에서 보면 머리에 피도 안 마른 학생들이 되지도 않는 일을 벌이는 것이었지요. 그 당시에 유명한 말이 있는데 "배후가 누구야?"입니다. 이명박 대통령이 중국에 다녀오는 길이었는데, 어청수 경찰청장의 보고를 받고는 그렇게 물었다고 합니다. 이명박 대통령 입장에서 볼 때 학생들은 자발성이 없는 존재입니다. 노동자도 마찬가지 존재로 여길 정도니까요. 그러니 어린 학생들이 자발적으로 나온 것이 아니라, 외부에서 누군가

사주했다고밖에 생각할 수 없었던 것입니다.

누군가 시켜서, 누군가 선동해서 시위가 벌어진다고 생각하는 것, 이것이 바로 국가보안법적 사고방식입니다. 시위를 하다 붙잡혀가면 배후부터 묻습니다. 내가 분해서 시작했음에도 불구하고 그랬단 말입니다. 어린 학생들 입장에서 꽤 불쾌한 이야기일 텐데, "내 배후는 내 등 뒤에 앉은 사람이다" 같은 재치 있는 말로 받아치면서 끝까지 광장을 지켰습니다.

이런 차이는 어디에서 오는 것일까요? 그것은 경험의 차이 때문입니다. 어린 학생들은 민주주의 세상에서 살아 봤습니다. 독재에 저항을 했던 사람들은 길바닥에서 최루탄 맞고 짱돌 던지면서 민주주의를 외쳤지만 민주적인 세상에서 자라지 못했습니다. 독재에 순응했던 사람들이야 더 말할 필요도 없습니다.

쇠고기가 아무것도 아닌 것 같지만 사실 본질적인 문제입니다. 민주주의가 체화된 학생들이기에 "내 입으로 들어가는 걸 왜 니가 정해?"라고 분명히 말할 수 있는 것입니다. 사람들이 유모차를 끌고 나올 수 있었던 것도 '우리 아이 입에 들어가는 걸 왜 니가 정해?' 하는 생각이 있었기 때문입니다. 그리고 그것만큼 의미 있는 이유는 2008년의 광장이 평화롭고 재미도 있었기 때문이겠지요.

이것을 막으려면 어떻게 해야겠습니까. 유모차를 끌고 나오지 못할 분위기로 만드는 것이지요. 그래서 명박산성을 쌓고 과잉진압을 벌이고 물대포를 쏘고 했던 것입니다. 그렇게 광장을 빼앗겼고, 촛불은 오랫동안 꺼져 있어야 했습니다.

2008년의 촛불이 꺼지면서 후유증이 오래 남았습니다. 이명박 정권은 촛불이 꺼지자 기득권 세력을 위한 정책을 강하게 밀어붙였고, 반대하는 세력을 철저하게 탄압했습니다. 민주주의의 위기 정도가 아니라 민주주의의 후퇴를 걱정하는 상황이 벌어졌습니다. 게다가 2009년 5월 노무현 대통령의 죽음, 3개월 뒤에는 김대중 대통령의 죽음이 이어졌습니다.

이명박 정권에서 시작된 민주주의의 후퇴는 박근혜

정권으로 넘어오면서 더욱 속도가 붙었고, 더욱 심해졌습니다. 그러던 중에 세월호 참사가 일어났습니다. 많은 국민들이 300명이 넘는 아이들을 실은 세월호가 점점 바닷속으로 가라앉는 것을 생중계로 지켜봐야 했습니다. 단한 명의 아이도 구해내지 못하는 국가, 구하려는 적극적인 노력도 하지 않는 국가를 보면서 사람들은 국가에 대해 의문을 품기 시작했습니다. "이게 나라냐" "국가란 무엇인가" 하는 질문을 던졌습니다. 국민들은 그 질문에 대한 답을 2년 반 동안 찾을 수 없었습니다.

그리고 2016년 말, 그 질문에 대한 답을 알게 한 사건이 터졌습니다. 최순실의 국정농단 사태가 드러나면서 세월호가 침몰할 때 국가가 왜 그렇게 무책임하고 무능했는지에 대해 알게 되었습니다. 누적 인원 1500만 명이 넘는 촛불은 그냥 나온 것이 아닙니다. 2년 반 동안 세월호 참사를 통해 품고 있었던 분노, 절망감이 터져나온 것입니다.

대한민국호의
무게중심

이제 긴 강의를 마쳐야 할 때가 된 것 같습니다. 지금까지의 이야기를 한번 정리해보겠습니다. 대의민주주의가 제대로 작동했으면, 왜 사람들이 편안한 집이 아니라 거리로 나와 촛불을 들었겠습니까. 2002년, 2004년, 2008년, 2016~17년까지 왜 뻔질나게 길바닥에 앉아 촛불을 밝혔겠습니까. 우리가 나와서 외쳐야 할 이야기들이 많았기 때문이지요. 그리고 민주주의 가치를 지향하는 국가에서는 도저히 일어날 수 없는 일, 아니 정상적인 국가에서라면 도저히 일어날 수 없는 일들이 끊임없이 발생했기 때문입니다.

2002년 촛불 때는 "반미 감정 좀 가지면 어때" 하는 대통령이 당선됐으니까, 새 정부가 잘하겠지 하고 촛불이 꺼졌습니다. 2004년에는 국회가 말썽을 피우니까 국민들이 나와서 총선에서 새 국회를 만들고 들어갔습니다. 그때는 선출되는 권력이 다 바뀌었습니다. 대통령만 가지고 안 되니까 여대야소 국회를 만들어주었지요. 국민들이 나서서 그 좋은 찬스를 만들었는데, 개혁을 못 해서 헬조선, 흙수저를 만든 것 아닙니까.

2008년에는 대선도 총선도 다 끝난 다음이어서 국민들이 힘을 발휘할 수가 없었습니다. 그래서 좌절감도 있었는데, 이후 벌어진 2014년 세월호 참사의 아픔까지 가슴에 품고 살아야 했습니다. 2016~17년 국민들은 다시 광장에 나왔습니다. 1987년 이후 30년 동안 그렇게 외쳐도 아무것도 바뀐 것이 없다고 했는데, 이번에는 국민들이 국회를 움직여서 탄핵을 만들어냈습니다.

'정치의 시대'라는 강의를 하지만, 여러분 정치권을, 정치인을 너무 믿지 마십시오. 우리가 현대사에서 여러 번의 기회를 놓쳤지만, 그럼에도 여기까지 끌고 온 것은 우리의 힘입니다. 저는 우리 자신밖에는 믿을 사람이 없다고 생각합니다. 촛불이 믿음이라고 생각합니다.

세월호 참사는 엄청난 비극이었지만 저는 세월호 참사에서 오히려 희망을 봤습니다. 정말 있어서는 안 되는 비극이었지만 그 위기의 순간에 희생된 분들이 보여준 행동들 때문입니다. 그분들은 모두 우리와 같은 평범한 사람들이었습니다. 평범한 고등학생이고, 평범한 선생님들이었습니다. 특히 마지막까지 아이들을 구하기 위해 노력한 여승무원은 22세의 비정규직이었다고 합니다. 선장마저 도망간 마당에 어떻게 "너희들 다 구하고 마지막에 갈게"라는 말을 할 수 있었을까요? 저는 종교를 가지고 있지 않지만 틀림없이 그 순간에는 성모마리아나 관세음보살이 뒤에서 손잡아주고 있었을 거라고 생각합니다.

그리고 아이들은 또 어떻습니까. 아이들이 조용히 기다리다 도저히 안 되겠어서 밖으로 나오려고 하는데, 다섯 살배기 꼬마가 왔다 갔다 하더랍니다. 그래서 꼬마부터 내보내자고 하고는 손에서 손으로 아이를 배 밖으로 내보냈는데, 그때 물이 확 들이쳐서 정작 학생들은 못 나왔다고 합니다. 구명조끼를 나눠주는데 모자라니까 앞에 있던 아이가 자기 것을 벗어줬다고 합니다. 물론 두 사람다 못 나왔지만. 기가 막힌 이야기입니다. 우리 아이들이 그랬습니다.

세월호 참사에서 승무원은 80퍼센트가 살았습니다. 대다수 학생들은 빠져나오지 못했습니다. 선생님이 제일 적게 나왔는데, 더 중요한 게 뭐냐면 세월호에는 선생님이 15명 탔습니다. 승객이 500명 정도였으니 탑승자의 3퍼센트가 조금 넘는 숫자입니다. 그런데 미수습자 아홉 분 중에 두 분이 선생님입니다. 미수습자의 22퍼센트가 선생님인 것입니다. 왜 이런 일이 벌어졌을까요? 선생님들이 제일 깊숙이 들어갔기 때문입니다. 선생님들은 배가 기울때 5층 객실에 있어 다 갑판으로 나올 수 있었습니다. 갑판에 그냥 있었으면 전원 구조되는 건데 아이들이 못 나왔다고 하니까 제일 깊숙이 들어갔던 것입니다. 그래서 못 나온 것이지요. 세월호 참사 같은 일이 벌어질 줄 알고 경기도교육청에서 특별히 희생정신이 강한 선생님을 배정했나요? 아닙니다. 그저 평범한 선생님들입니다. 아이들도 평범한 아이들이었고. 그런데도 그 위험한 순간에 도망가지 않았습니다.

대한민국호의 선장은 예전에 도망간 적이 있습니다. 한국전쟁이 일어났을 때 이승만은 다리를 끊고 저 혼자 피란을 떠났습니다. 그리고 김기춘, 우병우 같은 사람들이 대한민국호의 기관장, 항해사였다면 대한민국호는 진즉에 침몰했어야 합니다. 그런데 대한민국호가 어떻게 기우뚱하면서도 침몰하지 않고 오늘날까지 왔을까요? 그 복원력이 어디에 있을까요? 그것은 대한민국호의 무게중심이 여러분이기 때문입니다. 지금까지 긴 강의를 통해 확인한 그대로 매번 짓밟히면서도 다시 촛불을 들었던 여러분이 대한민국호의 무게중심이기 때문입니다.

묻고 답하기

한국의 지배 엘리트의 특징이 무엇이냐면, 책임을 지지 않는다는 것입니다. 아마 그간의 역사적 경험을 통해서, 그리고 세월호 참사를 겪으면서 잘 알게 되셨을 거라고 생각합니다. 이들 지배 엘리트들이 책임지지 않는 것은 그 뿌리가 친일파이기 때문입니다. 일제강점기에 부역을 했다는 것은 이들이 주인이 아니라는 뜻입니다. 주인의 마음에 들게 하는 데 익숙한 사람들입니다. 일제강점기에 일본에 빌붙어 있었기 때문에 책임을 질 필요 없이 그들의 눈치만 보면 되었기 때문입니다.

해방 후에도 친일파가 득세했던 탓에, 그들은 한국전쟁에서도 책임지는 자세를 보이지 않았습니다. 한국전쟁

때 이들이 한 일은 자신을 포함해 자신의 가족들이 전쟁에 말려들지 않게 하는 것이었습니다. 심지어 대통령이었던 이승만은 국민들 몰래 한강을 건너고는, 나머지 사람들이 쫓아오지 못하게 한강 다리를 폭파시키기도 했지요.

2010년 천안함 사건이 났을 때 청와대에서 관련 회의가 열렸는데, 방송에서 이 장면을 중계했습니다. 그때 화면에 등장한 사람들 중에 군 복무를 한 사람은 국방부장관 한 명밖에 없었다는 이야기가 있었습니다. 이것이 바로 대한민국의 현실입니다.

자기 나라의 전쟁이 아닌데도 한국전쟁에 참전했던 미국과 중국은 이와 다른 모습을 보였습니다. 국가의 지도자라면 어떠해야 하는지를 보여주는 유명한 일화가 하나 있습니다. 마오쩌둥과 관련된 이야기입니다. 한국전쟁에는 마오쩌둥의 장남 마오안잉도 참전했는데, 전사를 했습니다. 그의 무덤은 아직도 북한에 있습니다. 마오쩌둥이 유해를 가져가지 않았기 때문입니다. 못 한 것이 아니라안 한 것입니다. 왜 그랬을까요? 당시 마오쩌둥은 이렇게 이야기했습니다. "그대로 두어라, 그는 마오쩌둥의 아들이니까". 조선 땅에서 죽은 중국 병사들의 유해를 못 찾아왔는데, 자신이 당 주석이라고 해서 어떻게 내 새끼부터 데리고 오느냐는 뜻이지요. 마오쩌둥이 수많은 과오에도 불구하고 중국 인민들의 존경과 사랑을 받는 중요한 이유는 바로 이러한 자세 때문이라고 생각합니다.

미국도 마찬가지입니다. 미군 사령관인 제임스 밴플리트의 아들도 한국전쟁에서 전사했습니다. 밴플리트 장군 네만이 아닙니다. 미군 장성 중 부자가 같이 한국전쟁에 참전한 집이 140여 집인데, 그중 35명이나 전사했다고 합니다.

그런데 한국전쟁 때 한국군 장성이나 국회의원이나 장관 아들 중에 전사한 사람이 있다는 이야기를 들어보았습니까? 있었다면 아마 국정교과서에 한 면 정도를 할애해서 다뤘을 것입니다. 아쉽게도 우리나라는 없습니다.

친일파가 권력을 쥐었던 탓에 우리가 얼마나 큰 시련을 겪었는지 좀더 실감나는 이야기를 들려드리겠습니다.

백범 김구는 안두희에 의해 암살당했는데, 그 암살을 지시한 인물이 김창룡이라는 사람입니다. 물론 친일파지요. 사건이 터진 후 김창룡이 안두희를 만났다고 합니다. 그러고는 안두희에게 "안 의사, 수고했소"라고 했다고 합니다. '안 의사'라고 했을 때 안두희를 떠올리는 사람이 있을까요? 아마 없을 것입니다.

더욱 슬픈 일은 김구 암살 지시를 내린 김창룡의 묘가 국립현충원에 있다는 것입니다. 김창룡의 묘에서 얼마 떨어지지 않은 곳에는 김구 선생의 어머니인 곽낙원 여사의 묘가 있습니다. 국립현충원이 백범을 죽인 놈과, 백범을 낳아주고 길러주신 분을 같이 모시고 있는 것이지요. 이것이 대한민국의 현실입니다.

4·19혁명의 도화선이 되었던 김주열의 죽음을 잘 아실 것입니다. 최루탄에 맞아서 죽었고, 그 시신이 돌에 묶인 채 바다에 던져졌습니다. 누가 김주열에게 최루탄을 쏘고 시신을 유기했을까요? 박종표라는 사람입니다. 그는 해방 후 반민특위에 잡혀갔던 친일파입니다. 그런데 반민

특위가 유야무야되면서 풀려났고, 나중에 이처럼 흉악한 일을 저질렀던 것입니다.

친일파가 청산되지 않고 남아서 우리 사회에 끼친 해악을 이야기하자면 이것 말고도 수두룩합니다. 대한민국을 지배하는 엘리트의 뿌리가 친일파에 닿아 있다는 슬픈 진실을 여러분 모두 기억해주시길 부탁드립니다.

김기춘이 부산대학교 학생운동권을 궤멸시켰다고 하셨는데,
그 사건과 김기춘에 대한 이야기를 좀더 들려주세요.

 강의에서 말씀드린 것처럼 1975년 부산대학교 재일
동포 학원간첩단 사건, 당시에는 '학원침투 북괴 간첩단'
사건이라고 불렸는데, 그 사건으로 인해 부산대학교에서
는 1979년 부마항쟁이 일어나기 전까지 만 4년 동안 시위
가 한 번도 없었습니다. 이 사건을 이해하려면 김기춘에
대한 이야기를 빼놓을 수가 없습니다. 그를 보면 우리나
라 지배`엘리트가 어떻게 성장해왔는지, 그리고 그들이
우리 사회에 얼마나 큰 해악을 끼쳐왔는지를 잘 알 수 있
습니다.

 김기춘에 대해서는 제가 쓴 책 『역사와 책임』에 아예
「김기춘뎐(傳)」이라고 별도의 장을 통째로 할애해서 자세

하게 다루었으니, 관심 있는 분들은 찾아보셔도 좋겠습니다. 이 자리에서는 간단하게 이야기해보겠습니다.

김기춘은 박정희 정권기에 가장 잘나가는 검사였습니다. 전두환 정권기에는 권력 핵심에서 잠시 밀려나 있었지만, 그 이후로도 승승장구했던 인물입니다. 물론 부침도 있었습니다. 1992년 대통령 선거 당시 '초원복집 사건'으로 위기를 맞기도 했지만 살아남아서 3선 국회의원을 지냈습니다. 2004년 노무현 대통령 탄핵 당시에는 국회 법사위원장으로서 검사 역할을 맡기도 했습니다. 김기춘처럼 현대사의 주요 국면마다 악역을 맡은 인물이 또 있을까 싶습니다. 그의 내력을 깊이 들여다보면 단순히 악역이라고만은 할 수 없을 것입니다.

김기춘은 1958년 서울대학교 법대에 입학해 1960년 제12회 고등고시 사법과에 합격했습니다. 그러고도 공부를 계속했는데, 1963년에 서울대학교 대학원 법학과를 다녔습니다. 이때 정수장학회의 전신인 5·16장학회로부터 장학금을 받으며 공부했습니다. 1963년이 장학금 지급 첫

해였는데, 김기춘은 이듬해인 1964년에도 장학금을 받았으니 5·16장학회 1~2기 장학생이었던 것입니다.

그런데 김기춘은 군법무관으로 복무하면서 동시에 대학원에 다녔습니다. 즉 현역 군인 신분으로 대학원을 다녔던 것입니다. 어떻게 그것이 가능했을까요? 5·16장학회에서 대학 재학 중에 사법고시를 통과한 똑똑한 김기춘을 알아보고 장학회의 첫 수혜자로 선택했을 수 있습니다. 혹은 5·16장학회의 실력자 중 한 사람이 김기춘을 선택하고 특별대우를 했을 수 있겠지요.

두 가지 모두 가정이지만 터무니없는 추측은 아닙니다. 김기춘과 오랫동안 관련이 있는 신직수라는 인물 때문입니다. 신직수는 박정희의 사단장 시절 박정희의 법무참모를 지낸 인물로, 5·16장학회 설립에 깊이 관여하기도 했습니다. 그뿐 아니라 박정희 정권기 내내 검찰총장, 법무부장관, 중앙정보부장, 대통령 법률 담당 특별보좌관 등을 지낸, 박정희의 사람이라고 해도 과언이 아닙니다. 김기춘은 이러한 신직수에게 중용되어서 신직수가 자리를 옮길 때마다 그와 함께 일했습니다.

신직수와 함께 김기춘은 유신체제를 설계하고 지키는 데 앞장섰습니다. 유신헌법을 누가 만들었느냐 하는 것에 대해 논란이 있기는 하지만, 김기춘이 1972년 12월 27일의 유신헌법 제정 공포 이후 첫 번째 검찰 인사인 1973년 4월 초 인사에서 법무부 과장으로 승진한 것을 두고 당시 언론에서는 유신헌법을 만드는 과정에서의 공로를 높이 평가해 유례없는 인사를 했다고 보도했습니다. 이후 김기춘이 검사장으로 승진했을 때의 프로필에 "유신헌법 기초에 참여했고"라는 표현이 있기도 한 것을 보면 김기춘이 유신헌법을 만드는 데 상당 부분 기여했다고 볼 수밖에 없습니다.

김기춘이 박근혜 전 대통령과 인연을 맺게 된 사건이 있습니다. 1974년 8월 15일 육영수 여사 피격 사망 사건인데, 이때 문세광을 범인으로 확정하는 데 결정적 기여를 한 사람이 김기춘입니다.

당시 김기춘은 신직수 중앙정보부장 아래에서 법률

보좌관으로 일하고 있었습니다. 이번에도 신직수가 그를 자신이 일하는 곳으로 불러들인 것이지요. 사건 직후 문세광은 중앙정보부 대공수사국에 인계되었습니다. 김기춘은 대공수사국 소속이 아니었지만 문세광의 말문을 열라는 신직수 중앙정보부장의 지시로 수사팀에 합류해, 문세광의 자백을 받아냈다고 합니다. 그때 국내에 번역되지 않았던 세계적 베스트셀러 『자칼의 날』이라는 소설을 문세광이 읽었으리라 짐작하고, 문세광에게 그 소설의 주인공인 테러리스트 자칼이 당신이 아니냐는 식으로 단도직입적으로 물어서 일체의 자백을 받아냈다고 합니다. 물론이것은 김기춘의 기억입니다.

결국 중앙정보부는 문세광이 범인이며 그 배후에는 조총련이 있다고 단정지었고, 문세광은 범행 4개월 후인 1974년 12월 20일에 사형이 집행되었습니다. 그러나 육영수 여사의 목숨을 앗아간 총알이 문세광의 총에서 발사된 것인지에 대해서는 지금도 논란이 되고 있습니다.

이 장면을 박근혜 전 대통령의 입장에서 보면 김기춘

을 비롯해 문세광을 범인으로 지목한 수사진은 어머니의 원수를 갚아준 고마운 사람들일 것입니다. 그리고 이 인연이 김기춘이 박근혜 대통령의 비서실장으로 발탁되는 데에도 도움이 되었으리라 짐작할 수 있습니다. 40여 년 전에 뿌려놓은 인연의 씨앗이 결실을 맺은 셈이지요.

이러한 사건을 거치면서 김기춘은 1974년에 중앙정보부 내에서 가장 막강한 권력을 쥔 대공수사국장 자리에 올랐습니다. 그 시절 그가 지휘한 대표적인 사건이 바로 재일동포 학원간첩단 사건입니다. 육영수 여사 피격 사망 사건 당시 수사 당국은 문세광의 배후로 북한과 조총련을 지목했지만, 일본과 북한 모두 이를 부인했습니다. 따라서 당국은 조총련과 북한이 한국 사회를 교란하려 한다는 것을 입증해야만 했는데, 그때 벌어진 것이 재일동포 학원 간첩단 사건입니다.

이 사건의 관련자들은 대부분 부산대학교, 서울대학교, 한신대학교에 유학 중인 재일동포들과 이들과 친하게 지낸 재학생들이었습니다. 당시 한국에 있는 재일동포 유학생은 200~300명 정도였는데, 진실·화해를 위한 과거사 정리위원회에서 밝힌 바에 따르면 거의 모든 유학생이 조사를 받았다고 할 수 있습니다.

박정희 정권기에는 수많은 간첩조작 사건이 있었고, 이것 역시 그러한 일들 중 하나라고 치부할 수도 있을 것입니다. 그러나 일본 내에서 온갖 핍박을 견디다 민족적 정체성을 찾아 고국에 온 재일동포를 따뜻하게 맞이하지는 못할망정 일본 내에서보다 더하게 고문하고 핍박한 것은 그 무엇보다 용서할 수 없는 일입니다. 그리고 피해자들은 이후로 더더욱 어려운 일을 겪으며 살아갔던 데 비해, 이와 같은 사건을 조작한 사람들은 출세가도를 달렸다는 사실은 더더욱 용서할 수 없습니다.

어떻든 재일동포 학원간첩단 사건은 김기춘에게는 출세를 보장해주는 탁월한 업적이 되었고, 부산대학교 학생운동권은 궤멸되다시피 해서 만 4년 동안 시위 한 번 못해볼 정도로 초토화되었습니다. 그리고 재일동포 피해자들은 오늘날까지 조국에 대한 한을 품고 지내고 있습니다.

김기춘에 대한 이야기가 조금 길어졌는데, 여러분도 현재 상황을 그 뿌리까지 거슬러올라가며 역사적으로 살펴본다면 좀더 분명한 진실을 알게 되실 거라고 생각합니다.

6월항쟁 이후에 들어선 노태우 정권기에 대해서도
알고 싶습니다. 이승만, 박정희, 전두환 정권에 비해
늘 소략하게 다뤄지는 것 같습니다.

독재와 쿠데타로 집권한 이전 시기의 대통령에 비해
노태우는 민주적인 선거로 선출된 첫 번째 대통령이라는
점에서 큰 차이가 있지요. 하지만 노태우 정권이라고 해
서 이전의 정권과 크게 달랐던 것은 아닙니다. 군사정권
의 연장선에 있었고, 공안정국을 활용해 권력을 공고하게
하려는 시도는 이전 정권과 차이가 없습니다.

노태우 정권기에 있었던 대표적인 공안사건을 꼽으라
면 1991년의 '강기훈 유서 대필 조작 사건'을 들 수 있습니
다. 당시 정권이 학생운동을 진압하는 방식은 굉장히 폭
력적이었습니다. 소위 백골단이라는 사복경찰이 투입되
어 시위 해산 과정에서 무차별적인 폭력을 일삼았고, 그

과정에서 강경대 열사가 백골단에게 무자비하게 폭행당한 후 방치되어 사망하는 사고가 일어났습니다. 4월 26일의 일입니다. 이후 이에 항의하는 학생들의 분신이 잇따랐습니다. 4월 29일 박승희, 5월 1일 김영균, 5월 3일 천세용, 5월 8일 김기설, 5월 10일 윤용하 등이 분신, 투신, 의문사하는 등 무려 13명이 사망했을 정도입니다.

이른바 '분신 정국'을 학생운동권의 과격화로만 이해해서는 당시의 상황을 제대로 살필 수 없습니다. 1987년 대선 패배와 이어지는 3당합당, 그리고 1989년 사회주의 진영의 대붕괴라는 안팎의 충격에 빠져 있던 민족민주운동 진영은 노태우 정권 타도를 위해 총력을 기울였습니다. 현실을 타개하기 위해 문자 그대로 자신의 몸을 불살랐던 것입니다. 죽음으로 호소해야 할 만큼 당시의 상황을 절박하게 인식했지만, 또한 그 절박함이 대중과 거리감을 만든 원인이기도 합니다.

하지만 정권이 학생들의 폭력과는 비교도 할 수 없는 수준으로 이를 진압하려 했다는 사실을 간과해서는 안 됩니다. 당시 학생들은 그야말로 생명의 위협을 느끼며 거리에 서야 할 만큼 정권이 무자비한 폭력을 휘둘렀기 때문입니다. 거리시위 중 백골단에 쫓긴 대학생들은 막다른 골목으로 몰려 앞이 안 보이는 최루탄 세례와 몽둥이찜질을 당해야 했습니다. 김귀정 열사는 그렇게 깔려 죽었습니다. 1991년 5월 25일 경찰의 토끼몰이식 진압에 의해 막다른 골목길에서 압사했던 것입니다.

노태우 정권은 이 사실을 인정하지 않았고 죽은 이의 시신을 탈취하면서까지 감추려고 했습니다. 1991년에 감옥에서 중상을 입고 병원에 옮겨진 뒤 의문의 죽음을 당한 한진중공업 노조위원장 박창수의 시신을 경찰이 영안실 벽을 부수고 탈취해간 바 있는데, 김귀정의 시신 역시 탈취하려 했습니다. 학생들은 무려 세 차례에 걸친 시신 탈취 시도를 피눈물로 막아냈지요.

강기훈 유서 대필 조작 사건은 이러한 상황에서 벌어진 일입니다. 1991년 5월 8일 당시 김기설 전국민족민주운동연합 사회부장이 분신하는 사건이 벌어지고, 뒤이은 김귀정의 죽음으로 국민들의 분노가 정점에 차오르자 노태우 정권은 운동권 학생들이 조직적으로 분신을 계획한 것이라는 주장을 펴며 일련의 사건들을 무마하려고 했습니다. 이때 검찰에 의해 김기설의 유서 조작 당사자로 강기훈이 지목되었습니다. 이 사건으로 인해 학생운동권의 비도덕성을 문제 삼는 여론이 형성되었고, 그러잖아도 일반인들이 참여하기 힘들었던 과격한 학생운동 방식이 학생 사이에서도 비판받는 상황이 벌어졌습니다. 그러나 그것은 명백한 조작이었습니다. 대법원은 2015년 5월 14일, 강기훈에 대한 무죄를 선고했습니다.

믿기 힘들겠지만 이때에도 박정희 정권기에 제일 잘나가던 검사, 안기부의 요직인 대공수사국장을 지내며 수많은 간첩조작 사건을 만들어낸 김기춘이 등장합니다. 그는 김귀정이 죽은 다음 날 법무부장관에 임명되어, 국민들의 저항을 무마하는 데 큰 역할을 했지요.

어떻습니까? 이렇게 본다면 민주적인 선거로 선출된 정권이라고 해서 이전과 별로 달라진 것이 없습니다. 달라진 것은 그 이전에는 안기부가 나섰다면, 민주화 이후에는 검찰이 나섰다는 정도일 것입니다. 물론 안기부에 있던 사람이 법무부로 옮겼으니 알맹이는 그대로인 셈입니다.

강의를 들으니 한국현대사에는
가슴 아픈 장면들이 정말 많은 것 같습니다.
그중 꼭 기억해야 할 장면이 있다면 무엇일까요?

저희 세대에게는 1980년 5월 광주일 수밖에 없을 것 같습니다. 물론 1960년의 4·19혁명도 중요한 분기점입니다. 그러나 1960~70년대의 반독재민주화운동이 모두 4월 혁명의 기억만으로 진행된 것이라고는 할 수 없습니다. 그러나 5월 광주에 대한 기억을 달랐습니다. 광주는 처절하게 진압당했고, 살아남은 자들에게는 슬픔을 남겨주었습니다. 그렇게 본다면 광주는 패배의 기록입니다. 하지만 5·18민주화운동이 한국의 민주화운동사에서 독보적인 규정력을 갖는 것은 제대로 패했기 때문입니다. 그 결과 1980년대를 살아온 사람들의 삶 속에 당시의 기억이 비집고 들어왔기 때문입니다.

사실 광주에서만 사람이 죽은 것은 아닙니다. 제가 진실·화해를 위한 과거사정리위원회에서 조사를 하면서 보니, 4·19 당시에도 광주의 희생자 수보다 약간 적은 187명이 희생되었습니다. 한국전쟁 전후에는 민간인학살로 수십만 명이 희생되었지요. 그때 동네마다 200~300명이 희생된 곳이 한두 곳이 아닙니다. 또한 정보기관에 의한 타살 및 의문사, 학생들의 분신이나 투신자살도 숱하게 많습니다.

그런데 왜 광주의 죽음은 다르게 기억되는 것일까요? 5월 27일 저녁에 그 자리를 지킨 사람들 중에 과연 죽고 싶었던 사람이 있었을까요? 다들 살기를 바랐을 것입니다. 광주 시민 모두가 그랬던 것처럼 살아서 '해방 광주'를 이어가기를 바랐을 것입니다. 하지만 무참히 진압당했고, 살아남은 사람들은 이미 그 직후부터 살아남은 자의 슬픔을 간직하게 되었습니다.

예를 들어 광주의 아들이라고 불리던 박관현이 그랬습니다. 박관현은 옥중에서 광주의 죽음에 대한 항의로,

"교도관들의 폭력이 난무하고, 부정부패가 만연된 교도소에서 모든 재소자들이 비인간적인 상태로 살아가고" 있는 현실에 대한 항의로, 여러 차례 단식을 거듭했습니다. 2주일간의 단식 끝에 박관현은 앙상한 뼈만 남아 대기실 의자에 길게 누워 있어야 할 만큼 허약해진 몸을 이끌고 법정에 나와 최후진술을 했습니다.

언젠가 역사는 이 정권을 심판할 것입니다. 우리 시민들이, 아니 항쟁이 거리를 빠져나간 부끄러움을 간직한 제가 시민들과 함께 심판할 것입니다. 구천으로 떠나가 아직도 너무 원통해 두 눈을 감지 못하고 있을 내 동포, 내 형제들의 영령에게 부끄럽지 않게 분명히 우리는 정확히 심판을 해야 할 것입니다.

그리고 얼마 지나지 않아 박관현은 광주교도소에서 끝내 숨을 거두었습니다. 어쩌면 살아 있는 사람들은 광주에 대해 부끄러움이나 죄책감을 넘어 일종의 강박관념

같은 것을 갖고 있었는지도 모릅니다. 그런 강박관념은 자기 자신에게 무언가를 해야 하고, 한다면 스스로 치열하고 치밀하지 않으면 안 된다고 다그치게 만들었을 뿐만 아니라, 후배들에 대해서도 "어영부영 하는 꼴 못 보고, 모임 시간 안 지키면 혼내고" 하는 무서운 선배 노릇을 하게 만들었습니다. 그 시절의 투사들은 어떤 의미에서 온전히 자신의 삶을 산 것이 아니라 죽어간 이들의 삶을 일정 부분 대신 살고 있었던 것이라고 느꼈습니다. 광주의 힘, 죽음으로 광주를 만든 사람들이 가진 힘은 이렇게 수많은 사람들을 변화시켰습니다. 이 변화는 사람들 스스로가 기꺼이 자기 자신을 광주의 요구에, 광주의 충격에 맞추었기 때문에 가능했습니다.

학생운동이 아니라, 여성노동자의 활동에 대해서
큰 의미를 두신 점이 신선했습니다. 1970년대의
여성노동자의 활동에 대해 좀더 말씀을 듣고 싶습니다.

강의에서 10·26사건, 즉 박정희의 죽음에 영향을 끼친 YH사건을 말씀드렸지요. 1970년대 여성노동자는 그야말로 산업전사였습니다. 수출 주력산업에서 저임금으로 높은 노동강도를 견뎌내며 산업화를 이끌었습니다. 집에서도 마찬가지였습니다. 집안의 장남을 공부시키기 위해 희생을 강요당했고, 10대 초반의 어린 나이에 공장에 들어가서 가족을 부양해야 했습니다. 유신정권 아래에서는 산업전사로서 대우받지 못했고, 집안에서는 가족을 부양하는 경제인으로 대우받지 못했습니다. 그런 그들이 노조를 만들고 자신의 위치를 깨닫는 것 자체가 엄청난 정치적 행위인 셈입니다.

그런데 1980년대 운동권들은 다르게 생각했습니다. 학생운동권 출신으로 노동운동에 투신한 사람들, 소위 '학출'들은 1980년대에 여성노동자를 중심으로 만들어진 노조를 두고 경제투쟁과 조합주의에 매몰돼 있다고 비판을 했습니다. 조금 쉽게 풀어서 이야기하면 여성노동자들이 모진 탄압을 받으며 만든 노조가 그저 임금을 조금 더 받기 위해서, 먹고사는 데 조금 더 도움을 얻고자 하는 데에 집중하고 있다고 비판을 한 것입니다.

그런데 그 여성노동자들을 비판한 학출들은 지금 뭐 하고 있습니까. 보수정당의 정치인으로 변신한 사람들이 부지기수입니다.

지식인들은 단 한 번의 엄청난 승리를 꿈꾸지만, 역사는 그렇게 만들어지지 않았습니다. 가장 밑바닥에 있는 사람들이 사소한 일에 목숨을 걸고 하나씩 얻어낸 것들이 대부분입니다. 그래서 저는 『유신』이라는 책에서 그들에 대해 이렇게 이야기한 바 있습니다.

한국현대사에서 가장 빛나는 성취가 민주화와 산업화라면 그 역사는 반드시 다시 쓰여야 한다. 그 성취의 진정한 주역은 박정희도 아니고 몇몇 이름난 민주화운동가들도 아니다. 우리가 가장 기억해야 할 사람들은 그 시절 가장 어려운 처지에서 자신들이 인간임을 자각하고, 인간으로서의 대우를 받기 위해 노력했던 수많은 여성노동자들이다. 그 당시 민중의 최전선을 지킨 것은 무쇠팔뚝의 남성노동자들이 아니라 가녀린 '공순이'들이었다. 사랑도 명예도 이름도 남기지 않은 그들의 역사는 아직 쓰이지 않았다.

1987년 이후 민주화의 바람은 어느 날 갑자기 불어온 것이 아닙니다. 1970년대에 돈 버느라 배우지도 못하고, 가족을 부양하느라 제 욕심도 제대로 차리지 못했던 수많은 여성노동자들이 불의에 항거하고, 어려운 처지의 사람들에게 공감하고, 서로가 서로에게 힘이 되어주려고 노력한 덕분에 만들어진 것입니다. 그리고 그 과정은 강의에서도 말한 것처럼 모진 탄압, 심지어는 목숨을 잃을 수도 있는 탄압을 견뎌내며 해낸 일입니다.

또한 못 배운 한을 가슴에 품고 내 자식만큼은 제대로 공부시켜야겠다고 생각했던 그들이 있었기에, 이 자리에서 강의를 듣는 여러분이 있는 것이기도 합니다. 그렇다면 오늘날의 노동 상황은 1970년대 여성노동자들이 바랐던 만큼 좋아진 것일까요? 저는 그렇지 않다고 생각합니다. 여전히 노동조합은 우리 사회의 불순세력으로 그려집니다.

게다가 실제로 오늘날 여성노동자들의 상황이 크게 좋아진 것도 아닙니다. 가사도우미, 청소미화원, 식당 아줌마의 대부분은 여성노동자인데, 그들은 여전히 무시받는 존재들입니다. 사무직 여성노동자들의 처지도 마찬가지입니다. 능력을 발휘할 수 있는 일에 진입하기는 어렵고, 설령 어렵게 능력을 발휘할 수 있는 기회를 얻더라도 사회적·경제적 차별은 여전합니다.

여러분도 여성노동자의 문제를 단순히 과거의 일로

여기지 말고, 여전히 해결되지 않은 현재의 문제로 바라
봐주시면 좋겠습니다. 저를 비롯한 역사학자들도 아직 제
대로 쓰지 못한 1970년대 운동사를 쓰는 데 힘을 쏟겠습
니다.

역사교과서 국정화 논란은
어떤 관점으로 바라봐야 할까요?

역사가 하나여야 한다는 것부터가 잘못된 생각입니다. 성경의 복음서도 네 종류인데 어떻게 역사가 하나일 수 있겠습니까. 만약에 기독교의 한 교단이 하나의 성경만 써야 된다고 주장한다면, 어느 누가 그것을 따르겠습니까.

그리고 국정화를 하려는 의도도 불순합니다. 역사교과서 국정화는 박근혜 정부가 강행하려고 한 것이지만, 사실은 그전인 이명박 정부때도 역사교과서에 대해 심하게 시비를 걸었습니다. 2008년 미국산 쇠고기 수입을 둘러싼 학생들 시위가 걷잡을 수 없이 커지자, 정부는 그 배후를 찾으려고 했습니다. 촛불을 제공하는 세력, 시위를 주도하는 세력이 있을 것이라고 당시 언론을 통해 공공연하게 주장을 하기도 했지요. 그러면서 학교 교육을 문제삼기도 했습니다. 그 무엇보다 그들을 가르치는 선생들이 문제라고 지적을 했습니다. 소위 전교조 선생들이 아이들에게 잘못된 지식을 가르쳐서 망쳐놨다고 보았던 것이지요.

이러한 인식을 바탕으로 이후 본격적인 역사교과서 수정 작업이 진행됐고, 이때 탄생한 것이 2013년 검인정을 통과한 교학사 한국사 교과서였습니다. 당시 교학사 교과서는 편향된 이념과 사실에 맞지 않은 기술로 학교에서 채택되지 못하고 외면당했습니다.

역사교과서 국정화가 문제인 것은 역사 교육의 획일화를 가져오기 때문만은 아닙니다. 더욱 큰 문제는 그들이 이승만, 박정희 정권을 미화하고 친일파를 옹호하는 논리를 교과서에 담으려고 한다는 데 있습니다. 사실 국정화 사태는 1945년 광복 당시 친일파 단죄 등 과거사 청산을 하지 못한 데서 불거진 것이기도 합니다.

친일파들은 해방 공간에서 숨죽여 지낸 것만도 아닙니다. 그들은 오히려 독립운동가를 잡아다 모욕을 주기도 했습니다.

예를 들어 일제강점기에도 단 한 번도 체포된 적 없는 김원봉은 해방된 조국에서 일정강점기 고등계 형사였던 노덕술에게 잡혀가 고문을 당하기도 했습니다. 그 일이 있은 이후 김원봉은 의열단 동지인 유석현의 집에 가서 사흘 동안 대성통곡을 했다고 합니다. 김원봉의 삶은 그 이후로도 파란만장했습니다. 그는 월북을 했고, 고향에 남은 조선 최고의 독립운동가 가족들은 월북자 빨갱이 가족이 되고 말았습니다. 한국전쟁이 터지자 친동생 넷과 사촌 다섯이 빨갱이로 학살당했지요.

일제강점기부터 쌓아온 부와 권력을 가진 자들, 즉 친일파를 청산하지 못한 채 독재와 군사정권기가 이어지면서 한국 사회에서 기득권 친일세력은 승승장구했습니다. 독립운동한 사람은 이후에도 민주화운동이나 노동운동을 하며 힘든 삶을 이어갔고요.

해방 뒤 친일파는 살아남기 위해 목숨을 걸었고, 일반 국민은 가만히 있었습니다. 친일파들이 저지른 '반민특위 해체' '국회 프락치 사건' '김구 암살'로 그 좋았던 제헌헌법은 휴지조각이 되었습니다. 그러면서 대한민국에는 국가보안법과 친일파가 득세했습니다.

1987년 이후에도 이 문제는 해결할 수 없었습니다. 그러다가 돈, 명예, 권력을 가진 친일세력이 이제는 유일하게 가지지 못한 역사적 정당성을 얻기 위해 국정화를 강행하려 하고 있는 것입니다.

역사는 하나일 수 없고, 게다가 불순한 의도로 자행되는 국정화는 더더욱 안 될 일입니다. 오히려 역사는 지금보다 더 다양해져야 하고, 다양한 역사교과서가 나와서 국민들에게 검증을 받아야 합니다. 역사교과서뿐만 아니라 다른 교과서에도 친일세력이 아닌, 독립운동가에 대한 것들이 많이 들어가야 합니다. 예를 들어 국어교과서에는 독립운동가들이 쓴 편지가 실리고, 음악교과서에도 광복군이 불렀던 노래가 실리고, 뛰어난 예술가의 작품이 미술, 음악교과서에 실려야 합니다. 나라를 팔아먹은 사람이 아니라, 나라를 지킨 사람을 기억하는 것을 소위 보수라고 하는 사람들이 반대한다면 그 의도를 의심해봐야 하지 않을까요?

'반헌법행위자열전' 편찬 작업을 하시는 것으로 알고 있습니다.
그 의미는 무엇인가요?

『친일인명사전』이라고 아시는지요? 제가 하려고 하는 '반헌법행위자열전' 편찬 작업과 가장 비슷한 과정을 거쳐 만들어졌는데, 일제강점기에 친일파로 활동했던 4389명의 행적을 담은 책입니다. 일제강점기뿐만 아니라 광복 후의 활동까지 담은 점이 특징이지요. 그런데 이 사전의 가장 아쉬운 점은 너무 늦게 나왔다는 것입니다. 1999년부터 이런 책을 출간해야 한다는 이야기가 있었는데, 2009년 출간되기까지 우여곡절이 많았습니다. 초반에는 정부 지원을 받기도 했는데, 중간에는 이마저도 끊어져서 시민들의 자발적으로 모은 성금 덕에 겨우 나올 수 있었습니다.

그럼에도 이 책은 늦게 나와도 너무 늦게 나왔습니다. 4389명의 친일 행적을 담은 책인데, 수록된 인물 중 2명을 빼고는 모두 죽은 후에야 책이 나올 수 있었습니다. 해방 후부터 줄곧 친일파에 뿌리를 둔 지배세력이 수많은 방법으로 계속해서 방해를 했기 때문입니다.

지연된 정의는 정의가 아니라는 말이 있습니다. 아마 「변호인」이라는 영화를 기억하고 계실 것입니다. 노무현 대통령이 인권 변호사를 하던 시절을 다룬 영화인데요. 당시 간첩조작 사건의 희생자들인 학생들을 변호하는 변호사의 모습이 인상 깊은 영화지요. 저는 소원이 있어요. 영화 속의 진우 엄마가 돌아가시기 전에 고문했던 놈들 무릎 꿇리고 사과를 받아드리는 것입니다. 그런데 고문한 사람들이 고분고분 사과를 할까요? 사실 사과가 아니라 죄도 없는 어린 학생을 잡아다 모진 고문을 했으니 모두 감옥에 가야 합니다. 그런데 감옥에 가지 않았습니다.

40년이 지난 다음에 여러분의 손자, 손녀가 영화를 보고 질문을 했다고 합시다.

"할머니, 할아버지 저 영화 실화예요?"

"응, 사실이란다."

"그럼 그 변호사 아저씨 어떻게 됐어요?"

"나중에 대통령이 되긴 했는데 정의를 세워보겠다고 혼자 왔다 갔다 하다가 잘 안 돼서 떨어져서 죽었대."

"고문했던 놈은 감옥 갔나요?"

"아니, 국가유공자로 연금 받아먹으며 잘 살다가 얼마 전에 늙어 죽어서 국립현충원에 있는 김창룡 옆에 묻혔대."

여러분, 손녀, 손자들에게 이렇게 말씀하실 건가요? 사실 고문당한 사람이 아니라, 고문한 사람들이 감옥에 갔어야 합니다. 그런데 왜 이들은 감옥에 가지 않았을까요? 아무도 나쁜 일을 한 사람들을 단죄하지 않았기 때문입니다. 그들이 한 일이 나쁜 일이라고 아무도 말하지 않았기에 지금까지 권력형 비리가 끊이지 않고, 수많은 국민들이 피해를 받고 있는 것입니다.

한국현대사에서 나쁜 일을 저지른 사람들을 단죄하는 방법은 여러 가지가 있지만, 저는 그들의 역사를 정리하는 것도 아주 중요한 부분의 하나라고 생각하고 있고, 그 정리를 역사를 공부하는 저라도 책임지고 해야겠다고 마음먹었습니다. 그래서 그러한 과거를 정리하는 중입니다. 우리는 헌법을 어기고 주권자인 국민을 핍박한 사람들을 현실의 법정에 세우지 못했습니다. 현실의 감옥에 보내지 못했습니다. 그러나 역사의 법정에는 세워야 할 거 아닙니까. 그 사람들을 역사의 법정에 세우는 공소장이 바로 반헌법행위자열전 편찬 작업입니다.

이를 위해 '반헌법행위자열전편찬위원회'를 구성하고 2016년 7월 13일에 열전에 수록될 가능성이 높은 인물로 집중적으로 검토해야 할 대상자 99명의 명단을 1차로 발표한 바 있습니다. 그리고 2017년 2월 16일에 1차 대상자를 포함해서 집중검토 대상자 628명, 중복된 사람을 제외하면 405명의 명단을 발표했습니다. 애초에는 300명만 정리하려고 했는데, 조사를 하다보니 나쁜 일을 저지른 사람들이 너무 많았습니다. 줄이고 줄였는데도 405명이 되었습니다.

그 이유에 대해서는 2017년 2월 16일 집중검토 대상자를 발표하면서 상세하게 이야기했는데, 그때 배포한 보도자료를 그대로 인용해서 말씀을 드리겠습니다.

집중검토 대상자 628명이라는 숫자는 연인원으로 중복자를 제외한 순인원은 405명이다. '반헌법행위자열전'은 대략 300명가량의 인물을 수록할 예정으로 집중검토 대상자 역시 300명을 약간 상회하는 정도로 선정하려 했으나, 70년 가까운 헌정사에서 심각한 헌법 파괴 행위가 거의 일상적으로 자행되었기에 대상자가 크게 늘어났다. 1차 명단에서 발표한 99명중 4·3사건 2명(최석용, 최난수), 민간인학살 3명(김정태, 장동상, 이종대), 국민방위군 사건 3명(강석한, 박창원, 박기한), 녹화사업 3명(조창현, 고영준, 김희기) 등 11명을 제외하였다. 이들을 제외한 이유는 편찬위원회에서 집중검토 대상자 선정 기준을 크게 강화했기 때문이다. 개별 사건에서 이들 정도의 책임이 있는 사람들을 다 선정한다면 대상자 숫자가 1000명이 될지 2000명이 될지 모르기 때문이었다.

이제 제가 할 일은 이들의 전기를 쓰는 것입니다. 물론 발표된 명단에 이름이 올라 있다고 해서 '반헌법행위자열전'에 수록이 확정된 것은 아직 아닙니다. 대상자 본인이나 가족 등에게 이의 신청과 반론의 기회를 충분히 제공할 계획입니다. 편찬위원회에서도 '반헌법행위자열전'의 수록 인물을 확정하고 집필에 들어가기에 앞서, 충분한 시간을 갖고 자료를 수집하고 검토해야겠지요. 또한 헌법학자, 현대사학자, 정치학자, 변호사 등 각계 전문가들이 참여하여 신중한 심사를 거쳐 열전의 수록 대상자를 확정할 계획입니다.

그러나 어느 경우라도 대한민국 국민들의 절대다수

가 반헌법행위라고 인정할 만한 기준을 마련하도록 하겠습니다. 그러니 여러분도 시민 편찬위원이 되어서 그 사람들을 역사의 법정에 세우는 작업에 동참해주시기를 부탁드립니다. 혹시 더 궁금한 내용이 있다면 홈페이지(findbadmen.com)와 블로그(blog.naver.com/badmen0815)에서 확인하실 수 있습니다. 많은 관심을 부탁드립니다.

정치의 시대
광장, 민주주의를 외치다

초판 1쇄 발행 / 2017년 5월 25일
초판 2쇄 발행 / 2019년 7월 24일

지은이 / 한홍구
펴낸이 / 강일우
책임편집 / 윤동희 김효근
조판 / 박지현
펴낸곳 / (주)창비
등록 / 1986년 8월 5일 제85호
주소 / 10881 경기도 파주시 회동길 184
전화 / 031-955-3333
팩시밀리 / 영업 031-955-3399 편집 031-955-3400
홈페이지 / www.changbi.com
전자우편 / nonfic@changbi.com

ⓒ 한홍구 2017
ISBN 978-89-364-7358-7 04300
      978-89-364-7958-9 (세트)